Ingrid Schindler

A. Vogel's Heil- und Küchenkräuter

Ingrid Schindler

A. Vogel's Heil- und Küchenkräuter

Mit 52 Pflanzenporträts und über 250 treffsicheren Rezepten
für Gesundheit, Schönheit, und Genuss

Verlag A. Vogel

© A. Vogel's Heil- und Küchenkräuter:
Eine Publikation der Serie
A.Vogel's neue Schriftenreihe.
1. Auflage 1997.
Alle Rechte vorbehalten.
Herausgeber: Verlag A.Vogel AG,
Hätschen, Postfach 271, CH-9053 Teufen
ISBN 3-906404-08-0

Autorin: Ingrid Schindler
Zeichnungen: Klaus Schindler
Fotos: Bruno Blum, Baumann, Keystone,
Prisma, Blue Planet
Druck: Höfle Offsetdruck AG, Dornbirn
Lithos: Kirschner . Scan, Lauterach
Gestaltung: TypTop, Typografie/Grafik,
Dornbirn

Inhalt

Vorwort

Liebe Leserin, lieber Leser.

Kochbücher gibt es wie Sand am Meer, Kräuterbücher und Schönheitsratgeber bald nicht weniger. Wenn Sie zu denjenigen gehören, die sich über die Geschenke der Natur freuen können und diese auch in ihrer Vielfalt nutzen wollen, dann liegen Sie mit diesem Kräuter-Koch-Naturheilkunde- und Schönheitsbuch goldrichtig. Wie die Natur alle Sinne anspricht, will dieses Kräuterbuch nicht nur Ihre Geschmacksnerven kitzeln, sondern buchstäblich über den Tellerrand hinausschauen: Basilikum, Thymian und Co. wollen sich von ihrer Rolle als Küchenhilfen emanzipieren und wieder zu dem zurückkehren, was sie meist seit Jahrtausenden getan haben: den Menschen (und auch Tieren) in vielerlei Hinsicht dienen. Vom Duftstoff bis zum Heilmittel, vom Magenbitter bis zum Badezusatz, vom Blütenessig bis zum Farbstoff oder Antimottenmittel.

Wie es zu diesem Buch kam? Ich habe das Glück, an meinem Wohnort von herrlicher, freier Natur – Wiesen, Wald, Bäche, Rebberge – umgeben zu sein und einen kleinen, wilden und üppigen Kräutergarten zu besitzen, der mir Jahr für Jahr reiche Ernte beschert. Obwohl ich mich bei A.Vogel berufsmässig mit Heilpflanzen und ihrer Wirkung befasse, passiert es mir natürlich immer wieder, dass ich einerseits Pflanzen in meiner Umgebung nicht erkenne oder nicht weiss, auf welche Weise ich sie nutzen kann. Auf der anderen Seite ist uns meistens ein Verwendungsaspekt einer Pflanze geläufig, mal ist es die Heilwirkung, mal der kulinarischer Wert, selten aber sind es alle Facetten. Basilikum, Kamille, Thymian oder Bärlauch sind dafür Paradebeispiele.

Um beim Bärlauch zu bleiben: Als feines, nach Knoblauch schmeckendes Salatkraut wandert er zwar zielstrebig in unsere Salatschüsseln. Wenn aber die Blätter im April massenhaft in meine Nase duften, dann habe ich mir jedes Jahr gewünscht, dieses feine Kraut zu mehr als nur für Quark oder Salat zu verwenden. Ähnlich ging es mir mit Waldmeister, Goldmelisse, Ysop und vielen anderen Kräutern. Darüber hinaus gab es einige, zum Beispiel Topinambur, Hirtentäschel oder Beinwell (Wallwurz), mit denen ich so gut wie nichts anzufangen wusste und die doch wie Unkraut in meinem Gärtchen spriessen, kaum dass ich sie entfernt hatte. Deshalb habe ich schliesslich begonnen, in alten Kräuterbüchern nachzulesen, und andere nach ihren Tips und Tricks zu fragen. Oft habe ich dabei festgestellt, dass in der Vergangenheit manche Pflanze eine ganz andere Wertschätzung in Haus, Garten, Stall oder in der Medizin erfahren hatte und uns das frühere Wissen allmählich vollends verloren geht. So kam es zur Idee, dieses Buch zu verfassen.

Der praktische Nutzen war dabei von Anfang an der rote Faden. Leicht anwendbar, nachvollziehbar, praktisch sollte dieses Buch sein, keine trockene, einseitige, theoretische Materie. Denn sehe ich die Schätze der Natur, möchte ich wissen, wann was zu ernten ist, wie welche Teile zu verwenden sind und was daraus entstehen kann. Vom Potpourri bis zum Likör, vom Wickel bis zur Gesichtsmaske. Jetzt liegt das Buch vor, nach vielen Testphasen und langen Überarbeitungen, handlich, humorvoll illustriert und schön bebildert. Ich hoffe, Sie haben Ihre Freude damit.

Sie werden selbst erfahren, wieviel Spass es macht, sich mehr Natur in den Kochtopf, in die Hausapotheke oder ins Bad zu holen. Auch wenn nicht alles gleich gut gelingt und gleich gut schmeckt, liegt auf der Hand: die Natur verwöhnt uns mit so vielen Düften, Heilmitteln, kulinarischen Genüssen, dass wir nur zur richtigen Zeit zugreifen müssen, um unser Leben wie unsere Speisepläne gesünder, abwechslungsreicher und raffinierter zu gestalten. Und das zu jeder Jahreszeit. Ich bin sicher, dass Sie auf ein echtes Frühlingsmenü «à la nature» viel stolzer sind, als auf ein Abendessen, das Sie unschlüssig und lustlos vor dem Tiefkühlregal im Supermarkt komponieren. Ein frischer Wildkräutersalat, ein Gemüsecocktail mit bunten Blüten, eine saftige Sauerampfer-Spinat-Quiche sehen nicht nur gut aus, sie machen den Geschmacksnerven Freude und jeden Besucher neugierig auf den nächsten Gang. Kurz, Sie gewinnen immer, wenn Sie sich als Gastgeber/in mit dem auskennen, das da draussen wächst und blüht – für Sie! Auch im Herbst, Winter und frühen Frühjahr stellt uns die Natur einiges zur Verfügung bzw. können wir das nutzen, was wir für die kalte Jahreszeit konserviert haben. Und wenn mal das gewünschte Pflänzchen nicht zur Hand ist, dann kann man sich ruhig auch mit Nachschub aus Reformhaus, Naturkostladen, Drogerie oder Apotheke behelfen.

Auch auf dem Gebiet der Heilkunde ist es verblüffend, welche Kräfte selbst in den unscheinbarsten Kräutlein stecken können, an denen man sein Lebtag lang achtungslos vorübergeht. Warum nicht diese riesige, natürliche Apotheke nützen, wo es sinnvoll ist? Und das ist bei vielen der kleinen Alltagsleiden, vom Schnupfen bis zum Hühnerauge, der Fall, aber auch bei chronischen Beschwerden, die manchem das Leben schwer machen. Bei ernsthaften Erkrankungen ist immer der Arzt heranzuziehen, nichtsdestotrotz vermag die Natur Heilungsprozesse zu unterstützen, Beschwerden zu lindern und zu mehr Wohlbefinden zu verhelfen. Übrigens auch beim Tier, weshalb

Sie den ein oder anderen Hinweis auf die Verwendung von Kräutern in der Tierheilkunde in diesem Buch finden.

Bevor ich Sie nun in ein spannendes und gesundes Kräuterjahr entlasse, möchte ich noch ein paar Worte des Dankes äussern. An erster Stelle steht Dr. h.c. Alfred Vogel, der während der Arbeit an diesem Buch im Oktober 1996 verstorben ist. Ihm verdanke ich Impulse und Anregungen zuhauf, mich mit den Gaben der Natur auseinanderzusetzen und ihr immenses Potential kennenzulernen. Danken möchte ich auch dem Luzerner Heilpflanzenspezialisten und Drogisten Peter Oppliger für die Korrektur der Teerezepte, Clemens Umbricht von den «Gesundheits-Nachrichten» für seine redaktionelle Unterstützung sowie ganz besonders Denise Vogel, die sich sehr für die Realisierung dieses Buchs eingesetzt hat, und nicht zuletzt all den Korrektoren, die es kritisch unter die Lupe genommen haben.

Ingrid Schindler, im Mai 1997

Bärlauch

L ange Zeit galt Bärlauch als die erste Nahrung der wilden Bären im Frühjahr. Dieser Umstand und die «bärenstarke» Wirkung auf den Menschen haben den Namen des Lauchs besiegelt. Der aus der Familie der Liliengewächse stammende Bärlauch wächst an schattigen und feuchten Standorten in mitteleuropäischen Laubwäldern und ist kurz nach der Schneeschmelze am energiereichsten.

Schon für die Germanen war der Bärlauch, den man auch Chrottechrut, Ramseren, wilden Knoblauch, Waldlauch oder Waldknoblauch nennt, eine heilkräftige Zauberpflanze, die gegen Hautausschläge und Flechten helfen sollte. Im 8. Jahrhundert wollte sie Kaiser Karl per Dekret in den Gärten anbauen lassen. Dazu kam es dann offenbar nicht.

Allium ursinum ▶ lat. allium: Lauch; lat. ursus: Bär.

Verwechslungsgefahr!

Vom Bärlauch wird in erster Linie das frische Kraut verwendet. Es enthält Vitamin C und ein schwefelhaltiges, ätherisches Öl, dem der wilde Knoblauch seine darmregulierende und reinigende Wirkung verdankt. Die stärkste Kraft entfaltet der Bärlauch kurz vor der Blüte (Erntezeit: März bis Mai). Dann allerdings gleicht er zum Verwechseln den giftigen Blättern des Maiglöckchens. Vorsicht: Nur dort, wo's nach Knoblauch riecht, handelt es sich auch um Bärlauch. Um sicherzugehen, reiben Sie die Blätter leicht zwischen den Fingern. Wenn kein knoblauchähnlicher Duft entströmt, Finger weg! Übrigens ist die eigene Ausdünstung nach dem Verzehr von Bärlauch weniger stark als bei Knoblauch.

Der A. Vogel Tip

Bärlauch ist eines der besten Kräutlein der Naturheilkunde. Es hilft bei Magen- und Darmkatarrh mit Durchfall oder Verstopfung. Im Frühling täglich ein kleines Schüsselchen Bärlauchsalat mit Oliven- oder noch besser mit Walnussöl zubereitet – dies ist eine wirksame, saisongerechte und günstige Entschlackungskur.

Bärlauch in Küche und Heilkunde

Die jungen Leute, schrieb einst Kräuterpfarrer Künzle, würden aufblühen wie ein Rosenspalier, und auch Bleichsüchtige sollten den Bärenlauch verehren wie Gold. Zwar ist seine Heilkraft heute nicht mehr ganz so bekannt, aber als schmackhafte und magen-darmregulierende Beigabe in Frühlingssalaten erlebt der Frühjahrsbote doch gerade eine Art Renaissance. Die jungen, zarten Blätter des Wildknoblauchs lassen sich von März bis Mai in Quark und Joghurt ebenso verwenden wie auf belegten Broten, in einer Béchamelsauce, Kartoffelsuppe oder im Salat. Für die Verdauungssäfte wie für die Darmflora ist Bärlauch eine wahre Wohltat! Die Blüten und Blütenknospen sollten nicht gegessen werden.

Zum Konservieren sind die lanzettförmigen, tiefgrünen Blätter nicht geeignet. In getrocknetem Zustand verlieren sie fast vollständig ihre Wirkung, da sich die Schwefelverbindungen beim Trocknen verflüchtigen.

Bärlauch-Tsatziki

1-2 Becher griechischer Joghurt
½ Essiggurke, kleingehackt
½ EL frischer Dill
1 Knoblauchzehe, zerdrückt
3 EL frischer, feingeschnittener Bärlauch,
weisser Pfeffer, Salz
½ Salatgurke (geraspelt und ausgedrückt)
½ EL Olivenöl
Alle Zutaten mischen, ziehen lassen und dazu geröstetes Brot (Crostinis) reichen.

Bärlauch-Auflage

Wenn man Bärlauch äusserlich auf Furunkel, Abszesse und schlecht heilende Wunden aufträgt, so sagt die Naturmedizin, heilen sie besser ab. Dabei kann aber u.U. die Haut gereizt werden.

Gründlich gewaschene und abgetupfte *Blätter* werden *zerquetscht* auf die Wunde gelegt. Bärlauchwickel oder -verband täglich wechseln und 3-4 Tage lang anwenden.

Bärlauch-Pesto

5 EL Bärlauch, fein gehackt
1 Bund Basilikum
1 Bund glatte Petersilie
4 Knoblauchzehen, zerdrückt
2-3 EL Pinienkerne
10 EL kaltgepresstes Olivenöl
1 TL Meersalz
schwarzer Pfeffer
1 Prise Muskatnuss
3-4 EL geriebenen Parmesan
Kräuter waschen, trocknen, kleinhacken, mit Knoblauchzehen, Pinienkernen und 4 EL Olivenöl im Mixer pürieren, langsam restliches Öl unterrühren, mit Gewürzen abschmecken und bei sofortigem Gebrauch zu Nudeln Käse unterrühren. Ansonsten Käse weglassen, da besser im Kühlschrank haltbar (1 Woche). Eine köstliche, hocharomatische, kalte Sauce zu Pasta oder gebratenem Fisch.

Feines Bärlauchsüppchen

1 Zwiebel, kleingewürfelt
30 g Butter
¾ l Gemüsebrühe
30 g Dinkelmehl
80 g in Streifen geschnittener Bärlauch
4 EL Schlagrahm (Sahne)
Zitronensaft
Meersalz
Zwiebeln in Butter glasig dünsten, mit Mehl bestäuben, Brühe aufgiessen und 5 Min. köcheln. Bärlauch dazugeben und weitere 5 Min. köcheln lassen. Mit Sahne, Salz und Zitronensaft abschmecken.

Brennessel

Die beiden Brennessel-arten, die kleine, lat. Urtica urens, und die grosse, lat. Urtica dioica, kommen ausser in tropischen und arktischen Gebieten praktisch überall auf der Welt vor. Die grosse Brennessel, bei uns weit häufiger als die kleine, findet man fast allerorts, an Wald-rändern, Wegen und Stras-sen. Die Inhaltsstoffe dieser in der Heilkunde von alters her hochgeschätzten Pflanze sind Eisen, Kalzium, Vita-mine A und C, Mineralsalze, Spurenelemente, Chlorophyll (Blattgrün) sowie, in den Wurzeln und Samen, Gerb-säure.

Urtica dioica bzw. urens ▶ lat. urere, brennen; dioica, lat. di- und gr. oîkos: zweihäusig.

Lob der Brennessel!

Schon Horaz, Ovid und Catull haben die Brennessel besungen. Ganz so, als ob es keine Quaddeln, kein Jucken und Beissen gäbe, wurde die Urtica nicht nur in der Antike, sondern auch im Mittelalter stets und zuweilen sogar hymnisch gelobt. Dass das gar nicht von un-gefähr kommt, ist inzwischen auch wissenschaftlich erwiesen. Die Brennessel regt die Ausscheidung an und dient zur unterstützenden Behandlung rheumatischer Be-schwerden. A.Vogel empfiehlt, so oft als möglich die jungen Früh-lingsschösslinge in der Küche zu verwenden, hiesse es doch nicht umsonst: Brennesseln verschaf-fen den Kindern rote Lippen und rote Wangen!

Ins Lob der Brennessel stimmen übrigens auch Obstbauern und Biogärtner ein: Pflanzt man Brennesseln unter Obstbäume, so vermehren sie den Ertrag auf erstaunliche Weise.

Brennessel in Haus, Hof und Heilkunde

Erstaunlich, wie die Natur eine unscheinbare Pflanze mit so vielen wunderbaren Eigenschaften versehen hat. Die Brennessel lässt sich äusserst vielfältig verwenden: als Arzneipflanze, in der Küche, zur Körperpflege, als Futterbeigabe und als pflanzenstärkende Jauche im Garten (gegen allerlei Läuse). Die eisenhaltigen, vitamin-C-reichen Blätter lassen sich im Frühling wie Spinat und mit Spinat zubereiten, als Ganzes in Bierteig frittieren, feingeschnitten über Salate und Suppen streuen und überhaupt: eine Kur im Frühling mit dem Saft aus den jungen Brennnesseln belebt noch jeden wintermüden Körper!

Man erntet sie idealerweise von März bis Mitte Juni, mit Handschuhen. Brennesseln sind mild harntreibend, fördern die Ausscheidung von Giftstoffen und wirken sozusagen «blutreinigend», weil entschlackend. Der Absud stillt Nasenbluten, und das Brennesselwasser ist ein altbewährtes Hausmittel gegen Schuppen und Haarausfall.

Brennessel-Gemüse

Junge Brennesselspitzen entweder ganz oder zerkleinert mit *gedämpften Zwiebeln* wie Spinat kochen. Je nach Wunsch zusätzlich etwas *Plantaforce-Gemüsebrühe* beigeben.

Brennessel-Tee

Vor der Blüte obere Triebe mit der Schere ernten. *2 TL frisches, feingeschnittenes* oder *1 TL getrocknetes Kraut* mit *1 Tasse kochendem Wasser* übergiessen und nach 10 Min. abseihen. – Auch damit kann man die Haare spülen.

Nesseln zum Brennen

Die Brennhaare der frischen Blätter enthalten u.a. Histamin und Ameisensäure.
«Schlägt» man Hautpartien mit dem frischen Kraut, erzeugt diese Reizung Quaddeln und Rötungen, die die Durchblutung fördern. Ein bewährtes Volksheilmittel bei Gelenksrheuma und Gicht.

Brennesseln für Tiere

Bessere Legeleistung der Hühner, glänzenderes Fell von Hund und Pferd, erhöhte Milchproduktion von Kühen und Schafen: gelegentlich etwas Brennesselsamen oder, bei Kühen und Schafen, täglich ein Büschel ins Futter geben.

Der A. Vogel Tip 1

Homöopathische Verreibungen von Mineralsalzen und Brennesselkraut in **Urticalcin** tragen bei Kalkmangel dazu bei, dass der in den Lebensmitteln enthaltene Kalk vom Körper gut aufgenommen und verwertet werden kann.

Brennesselwasser

60 ml Brennessel-Tinktur
20 ml Hamameliswasser
20 ml Ringelblumen-Tinktur
in eine Flasche füllen, gut schütteln. Haarboden damit massieren: fördert bei Haarausfall und Schuppen die Durchblutung und belebt die Kopfhaut.

Der A. Vogel Tip 2

Brennessel-Haarwasser ist ein Frischpflanzenprodukt, das Haarausfall sowie Schuppenbildung vorbeugt und dank natürlicher Kieselsäure den gesunden Haarwuchs fördert.

Brunnenkresse

Die Brunnenkresse, darauf weist schon ihr Name hin, fühlt sich überall dort wohl, wo es Wasser gibt: in und an Brunnen, Flussufern, natürlich verlaufenden Bächen, Quellen und, als Kulturform, in eigens angelegten Wasserbeeten. Sie gehört zur Familie der Kreuzblütler (Cruciferae) und besitzt rundlich-fleischige, das ganze Jahr über sattgrüne Blätter. Man erntet die bis zu 70 cm hohe Pflanze am besten im frühen Frühjahr, von März bis Mai, bevor sie ihre weissen, traubenförmig angeordneten Blüten ausgebildet hat. Denn dann ist der Geschmack am zartesten und sind die Inhaltsstoffe am wertvollsten. Während der Blüte wird nicht gepflückt, im Herbst dagegen kann man sich wieder mit den gesunden Blatttrieben versorgen. Aber bitte nicht an stehenden Gewässern, da dort das Risiko höher ist, die Larven der Leberegel gleich mitzuernten. Da Brunnenkresse möglicherweise der wichtigste Überträger des grossen Leberegels ist, muss sie immer gründlich gewaschen werden. Ein Schuss Essig oder Salz im Waschwasser helfen dabei.

Nasturtium off. ▶ lat. nasus: Nase; lat. tortium: Qual.
Das deutsche Kresse stammt aus dem lat. cressere, wachsen, wegen den schnellen Wachstums der Pflanze.

Der A. Vogel Tip
Von der frischen Brunnenkresse sollte man im Frühjahr profitieren, und zwar von Suppe, Sauce, Salat, Gemüse bis hin zum frischen Presssaft. Sie ist in einigen A.Vogel Kräutersalzen und -mischungen enthalten.

Würzige Frühjahrskur

Im Frühling, wenn erst wenige frische Gemüse zur Verfügung stehen, sollte man die grüne Kräuterkammer der Natur nützen und die vitamin- und mineralstoffreiche Brunnenkresse regelmässig im Speiseplan einplanen. Aufgrund ihrer anregenden Wirkung auf Drüsen, Stoffwechsel und Nieren wurde die Brunnenkresse zurecht schon im Altertum rege für Frühjahrskuren eingesetzt. In der Volksheilkunde bereitet man mit dem Presssaft der Brunnenkresse feuchte Umschläge, die bei unreiner, fetter, schlaffer und auch trockener Haut aufgelegt werden. Bei Haarausfall reibt man die Kopfhaut nach dem Duschen sanft mit dem Presssaft ein.
Schwangere, Kleinkinder und Personen mit Nierenleiden, Magen- und Darmgeschwüren sollten die Brunnenkresse nicht verwenden.

Brunnenkresse in Hausapotheke und Küche

Der lateinische Ausdruck Nasi tortium, Nasenschinder, trifft die Wahrheit nur zur Hälfte. Schon zu Roms Zeiten war die Brunnenkresse (Nasturtium off.) nicht nur aufgrund ihres Niesreiz auslösenden Geruchs eine «Tortur», sondern vor allem ein willkommenes Mittel, um im Frühjahr die Menschen wieder fit und die Teller von London bis Neapel wieder vitaminreich und schmackhaft zu machen.

Seit jeher war sie auf den Gemüsemärkten ein wegen ihrer guten Eigenschaften und, wie man erst in unserer Zeit nachweisen konnte, wertvollen Inhaltsstoffe begehrtes Küchen- und Heilkraut. Sie enthält u.a. Senfölglykoside, Bitterstoffe, die Vitamine A und C sowie Eisen, Kalium, Jod und Schwefel. In die heutige Zeit

hat die Bach-, Born-, Wasser-, Wiesen- oder eben Brunnenkresse von ihren vielen Heilfunktionen im Grunde nur noch ihre Bedeutung als Katarrhkraut hinübergerettet – was man aber getrost vernachlässigen kann angesichts der Fülle ihrer Einsatzmöglichkeiten in der Küche, wo sie selbst Gourmet-Ansprüchen mit ihrem pfeffrignussig-rettichartigen Aroma standhalten kann.

Brotaufstriche

Mit Brunnenkresse kann man kesse Brotaufstriche zaubern, z.B. **Brunnenkressebutter:**

150 g weiche Butter
3-4 EL Zitronensaft
½ EL Dijonsenf
Meersalz, schwarzer Pfeffer
glattrühren und
4 EL Brunnenkresseblätter
2 EL Schnittlauchröllchen
1 Prise Liebstöckel
fein hacken, unterrühren und in Steingutförmchen füllen. (Passt gut zu Spargelsalat.)

Karotten-Kresse-Konfi:

250 g Karotten
2 kleine Schalotten
1 EL Walnussöl
⅛ l Gemüsebrühe
1-2 EL geröstete Kürbiskerne
6 EL Brunnenkresse
2 EL weiche Butter
½ TL Kräutersalz, Pfeffer
Kleingeschnittene Karotten und Schalotten in Öl andünsten, Brühe angiessen, 15 Min. garen, dann pürieren. Kürbiskerne und Kresse fein hacken, mit der Butter und den restlichen Zutaten vermengen, salzen und pfeffern.

Brunnenkresse-Saftkur

Frisch ausgepresste Brunnenkresse, die man Saucen und Suppen beigeben kann, ist ein gutes Mittel zur Entschlakkung. Dazu trinkt man täglich 1 Glas verdünnten Saft, z.B.:
• *frischen Brunnenkressepresssaft* mit *Wasser* im Verhältnis 1:5 verdünnen.
• *1 EL Presssaft* mit *1 Glas Buttermilch* verdünnen.
• *1 EL Kressesaft* in *1 Glas Gemüsesaft* (z.B. Sauerkraut, Sellerie, Rote Bete) geben.
• *1 EL Kressesaft* und *1 EL Molkosan* mit *8 EL Wasser* vermischen.

Etwas milder als der frische Saft wirken *1 Handvoll frische Blätter*, die über Nacht in *1 l Wasser* ziehen. Am Morgen abseihen und 3-4 Gläschen tagsüber davon trinken.

Saumon au cresson de fontaine

5 EL fein gehackte Brunnenkresseblätter
1 EL Distelöl
1 TL Dijonsenf
2 EL fein gehackte Schalotten
1 TL gehackte Kapern
½ TL (Kräuter-)Salz
1 TL Zitronensaft
Alle Zutaten pürieren, mit *100 g Crème fraîche* verrühren, mit *weissem Pfeffer* und eventuell noch *etwas Zitronensaft* abschmecken. Über kalte, geräucherte oder kurz in der Pfanne angebratene Lachswürfel geben. Mit ein paar Kresseblättern und gerösteten Vollkornbrotscheiben anrichten.

Harmoniert, wie Kressebutter auch, mit Kartoffeln. Statt Crème fraîche kann man griechischen Joghurt nehmen.

Kamille

*U*rsprünglich in Südeuropa zu Hause, wächst die Kamille heute in ganz Europa in verschiedenen Arten meist wild und anspruchslos auf Wiesen, Schuttplätzen und Äckern – gewissermassen ein Unkraut. Aber was für eines! Allerdings muss man die aromatische Echte Kamille (Matricaria chamomilla) von ihrer Doppelgängerin, der sogenannten Hundskamille, unterscheiden können. Nur von der Echten Kamille heisst es traditionsgemäss: «Es ist bei allen Menschen kein gebreuchlicher Kraut in der Arzney als eben Chamillenblumen, denn sie werden beinahe zu allen Bresten gebraucht.»

Der wichtigste und wirkungsvollste Teil der Pflanze sind die Blütenköpfchen. Sie sollen ein paar Tage nach der Blüte im Mai geerntet und frisch oder nach kurzer Trocknung im Schatten verwendet werden.

Matricaria chamomilla L. ▶ lat. matrix: Gebärmutter; lat. mater: Mutter; chamomilla, gr. chamai: Erdapfel.
Der deutsche Name Kamille ist aus dem lateinischen Wort chamomilla abgeleitet.

Mehr als nur ein Tee

Der grösste Teil der weltweit in der Medizin benötigten Kamille stammt heute aus Kulturen. Aus Kamille werden auch ausgezeichnete Kosmetik- und Körperpflegeartikel hergestellt. **Hand- und Fussbäder** mit einer Handvoll getrockneter Blüten pro Liter Wasser wirken erholsam und sind natürliche Schönheitspackungen. Wer also über das «Abwarten und Teetrinken» hinaus etwas für seine Schönheit tun will, ist mit den Blütenköpfchen goldrichtig beraten.

Aber: Viel hilft nicht viel!

Kamille ist eines der Kräuter, die für den innerlichen Gebrauch schwach dosiert am besten wirken! Starke Dosen können sogar Brechreiz erzeugen! Die richtige Menge pro Tasse siehe S. 17.

Kamille in Heilkunde und Kosmetik

Der wichtigste Wirkstoff der Echten Kamille ist ihr ätherisches Öl. Es desinfiziert, wirkt entzündungshemmend, beruhigt den Verdauungsapparat und hilft bei Menstruationsbeschwerden, Neuralgien, entzündeten Augenlidern und vielen Formen von Schmerzzuständen. Kamillentee, der dieses Öl enthält, kann innerlich und äusserlich angewendet werden, und zwar bei Magenbeschwerden ebenso wie bei entzündeten Wunden oder zum Spülen empfindlicher und gereizter Schleimhäute. In Form von Ölen, Tinkturen, Puder, Crèmes, Dampfbädern, Kompressen oder Umschlägen sind Kamillenblüten als Hausmittel unschlagbar und ein in der Kosmetik unverzichtbares Mittel zur sanften Pflege und zum Schutz der Haut. Wie die Ringelblume und die Zwiebel ist auch die Kamille eine Färber-

pflanze. Nicht nur für Blondinen geeignet, die ihre Haarpracht mit Kamillenspülungen verschönern und verwöhnen können, sondern auch für Baumwollstoffe und Wolle, die eine hellgelbe Farbe annehmen.

Kamillen-Dampfbäder

Für den Unterleib:

Ein warmes Sitzbad in einem Aufguss aus Kamillenblüten (*2-3 EL auf 10 l Wasser*) löst Nieren- und Blasenkrämpfe und hemmt Entzündungen. Auch bei Schmerzen zu Beginn der Menstruation ist ein solches Bad ein gutes Mittel, das viele Frauen schätzen.

Kamillentee

3 einzelne Kamillenblüten mit *1 Tasse kochendem Wasser* übergiessen, 5 Min. ziehen lassen, abseihen.

Der A. Vogel Tip

Kleinkinder haben eine sehr empfindliche Haut, weshalb auch Heilkräuter nur mit Vorsicht angewandt werden sollten. Besonders sanft pflegt ein mildes Kamillenbad. Die **Bioforce-Crème** für trockene, spröde, rissige und strapazierte Haut enthält u.a. die frische Extrakte aus Kamille, Ringelblume, Sanikel und Salbei. Vergleiche S. 61.

Für das Gesicht:

Bei Stirnhöhlenentzündung *1 Handvoll Kamillenblüten* oder *1:10 verdünnten Extrakt mit kochendem Wasser* überbrühen und den Dampf unter einem Badetuch einatmen.

Augen schliessen, um Reizungen zu vermeiden. Der Dampf reinigt die Gesichtshaut und wirkt antibakteriell.

Kamillenkompressen

Bei Rücken- und Muskelschmerzen ein Frotteetuch mit Kamillentee oder 1:10 verdünntem Kamillenextrakt durchtränken und heiss auf Nacken, Rücken und Schultern legen. Dabei kann sich die Haut etwas röten, dem das sanfte Einreiben mit Johannisöl nach der Kompresse entgegenwirkt.

Kamillenlotion

für die empfindliche Haut

2 EL Kamillenblüten
1 EL Huflattichblüten
1 EL Stiefmütterchen
1 EL Salbei
200 ml Alkohol 70%
200 ml destilliertes Wasser
100 ml Rosenwasser

Die getrocknete Kräutermischung mit dem Alkohol ansetzen und 2 Tage stehen lassen. Gut abseihen, dann destilliertes Wasser und Rosenwasser beigeben, kräftig durchschütteln und nochmals filtrieren.

Wattebällchen oder -pad mit der duftenden Lotion tränken und damit Gesicht und Hals sanft reinigen.

Löwenzahn

Der Korbblütler ist auf allen Kontinenten zuhause und ebenso leicht zu finden wie für jedermann zu erkennen. Kinder lieben die «Pusteblume» besonders wegen der Fruchtköpfe, die sich in alle Himmelsrichtungen zerstäuben.

Rund 500 Namen werden dem Frühlingsboten mit den gezackten Blättern im deutschen Sprachraum zugewiesen. Einer davon ist «Pissblume» (frz. Pissenlit), der unverblümt auf die harntreibende Wirkung hinweist. Man weiss zu berichten, dass der nierenkranke Preussenkönig Friedrich der Grosse keinen Tag auf seinen heilenden Löwenzahnsaft verzichten wollte.

Auch Haustieren bekommt eine «Löwenzahnkur». Hunden und Katzen einfach ein paar Blätter und Wurzeln fein zerkleinert in das Futter gemischt, hat dieselbe gesundheitsfördernde Wirkung, wie man sie bei Kaninchen und Hühnern kennt.

Taraxacum off. ▶ arab. tharakhchakon: blaublühende Zichorienart; evtl. auch ▶ gr. taraxacis: Entzündung; lat. officinalis: heilkräftig.

Ein Meister im Heilen

Löwenzahn ist ein hervorragendes Reinigungs- und Belebungsmittel für den ganzen Körper. Er regt die Leber-, Gallen- und Nierentätigkeit an sowie den Appetit und die Verdauung. Kurz: eine Löwenzahnkur im Frühjahr bewirkt wahre Wunder und schadet niemandem! Aufgrund der Förderung der Ausscheidungsfunktionen, wodurch Giftstoffe und Wasser verstärkt ausgeschwemmt werden, hat er einen positiven Einfluss auf Rheuma, Gicht, Blasen-, Nieren-, Leber- und Gallenleiden. Seine Heilkraft verdankt der Löwenzahn Cholin, Inulin, Mineralien, Vitamin C und vor allen Dingen den Bitterstoffen (in erster Linie dem Taraxacin), die am konzentriertesten in der im Herbst und Frühjahr geernteten Wurzel enthalten sind.

Der A. Vogel Tip
Die heilsame Kraft des Löwenzahns kommt in einigen Heilmitteln von A.Vogel zum Zug: in den Leber-Galle-Tropfen **Boldocynara N**, im Magenmittel **Gastrosan** und in der **Taraxacum** Frischpflanzen-Tinktur bei Leber-Galle-Beschwerden (in D: **Legaforce**).

Löwenzahn in Küche und Heilkunde

Er ist das Universalgenie unter den sogenannten «Unkräutern», jeder Teil der Pflanze kann verwendet werden, sowohl in der Küche, als auch in der Heilkunde. Die Palette seiner Anwendungsformen ist dementsprechend breit: von Tee, Saft, Sirup, Honig, Salat, Gemüse (mit und wie Spinat), Brei (für Umschläge), Badezusatz, Kapern, wenn auch falschen, bis zu Wein, Kaffeeersatz (aus den getrockneten und gerösteten Wurzeln) und Bier (aus Löwenzahnblättern sowie Brennesseln, Kletten- und Ingwerwurzeln). Und immer ist er gesund, egal in welcher Form. Deshalb sollte man im Frühjahr, wenn die Blätter noch zart und wenig bitter sind, so viel als möglich von dieser wunderbaren Pflanze profitieren und sie kurmässig auf den Speisezettel bringen. Wer den Aufwand des Pflückens und Zubereitens scheut, kann sich auch mit fertigem Löwenzahnsaft behelfen: Während 4 Wochen täglich etwa 2 EL Löwenzahnsaft trinken, pur oder verdünnt, ist der beste Frühjahrsputz für den Körper.

Pizza «Pissenlit» und Löwenzahnsalate

Probieren Sie mal eine *Pizza mit Parmaschinken, Tomaten und Käse* in Kombination mit Löwenzahnsalat!

Löwenzahnblätter mit kalt gepresstem *Olivenöl, Balsamicoessig, Salz, Pfeffer,* einer *Prise Zucker* oder Birnel und einer *zerdrückten Knob-*

Löwenzahnhonig

2 Handvoll Löwenzahn-Blütenblättchen
1 kg Honig
2 Nelken
1 Zimtstange, zerstossen
Die Zutaten 3 Wochen in einem Schraubglas an die Sonne stellen, dann durch ein Sieb streichen, fertig ist der parfümierte «Löwen-Met».

lauchzehe anmachen. Reichlich Salat mit Sauce auf die heisse Pizza geben. Sie werden überrascht sein, welch' köstlicher Goût sich entfaltet.

Löwenzahnblätter im Salat vertragen sich übrigens nicht nur mit italienischem Dressing hervorragend, sondern auch mit Nussölen (Walnuss, Haselnuss) und fruchtigem Apfel- oder Himbeeressig, da die Löwenzahnblätter selbst ein leicht bitteres, nussartiges Aroma besitzen.

Eine Mischung aus jungen Löwenzahn-, Brennessel- und etwas Bärlauchblättern, mit Gänseblümchenblüten (essbar!) verziert, ergibt den per-

fekten **Frühlingswildsalat** – die selbstgepflückte Entschlackungskur von März bis Mai, die wunderbar schmeckt!

Falsche Kapern

2 Handvoll Löwenzahnknospen (Blüten noch ganz geschlossen)
2 Petersilienstengel
1 Basilikumzweiglein
einige Estragonblättchen
in ein Schraubglas geben, mit *Essig* auffüllen und verschliessen. Wer mag, kann *Gänseblümchenknospen* und ein paar *Zwiebelringe* dazugeben. Nach 2 Monaten wie Kapern verwenden. Mindestens ein Jahr haltbar.

Sauerampfer

F olgendes schreibt Tabernaemontanus über den Sauerampfer: «Sauerampffer / Lattich und Endivien mit Essig bereit und gegessen / benimmt das Grauen und Unwillen des Magens / so von vieler hitziger Gall sein Ursprung hat». Der zur Familie der Knöterichgewächse (Polygonaceae) gehörende «Rumex acetosa» besitzt neben einer kleinen Schwester, «Rumex acetosella», eine grosse Verwandtschaft, wie z.B. den Garten-, Gemüse- und Römischen Ampfer, die ebenfalls in Küche und Heilkunde genutzt werden. Allen gemeinsam ist der Anteil an Oxalsäure, die den sauren Geschmack des Krauts ausmacht. In grösseren Mengen genossen, ist der Sauerampfer dieses Stoffes wegen giftig – nicht nur für Menschen, sondern auch für das Vieh.

Die Blätter der rötlichbraun blühenden Pflanze, die massenhaft auf den heimischen Wiesen in Erscheinung tritt, kann man vom frühen Frühjahr bis in den späten Herbst hinein für kulinarische Zwecke pflücken. Am besten munden jedoch, wie so oft, die jungen Blätter vor der Blüte (April). Wenn man auch im Sommer nicht auf das saure Suppenkraut, das u.a. auch Säuerling, Sauersenf, Sauerlump oder Kukkuckskraut genannt wird, verzichten will, kann es sich lohnen, auf einen kühlen Regentag zu warten: die dann gesammelten Blätter sollen milder sein.

Rumex acetosa ▶ lat. rumex: Ampfer; lat. acetum: Essig.

Der A. Vogel Tip

So reich die Blätter an Vitamin C und Eisen auch sind, so sollte man Sauerampfer dennoch nicht bedenkenlos in grösseren Mengen zu sich nehmen. Kinder sowie Menschen mit der Neigung zur Steinbildung, Nieren- oder Gichterkrankungen sollten sehr zurückhaltend sein, ja ganz darauf verzichten, auch wenn die moderne Naturküche gerade dabei ist, dieses alte Wildkraut neu zu entdecken. Auch sollte man beim Pflücken von allen wilden Wiesenkräutern überhaupt darauf achten, dass sie von ungedüngten, biologisch gepflegten Wiesen kommen. Ansonsten baut man Sauerampfer, wie so manchen seiner «wilden» Kollegen, lieber «kultiviert» im Garten an.

Sauerampfer in der Küche

Sauerampfer steht als Frühlingsgemüse in einer langen Tradition, ebenso wie er in der Volksmedizin verankert ist. Während die Blätter als Tee, Saft oder Umschlag den Körper beleben, eiternde Wunden heilen und Geschwüre zurückbilden sollen, sagt man der Wurzel harntreibende Kräfte nach. Lange Zeit verordnete man ihn auch als Wundermittel gegen Skorbut, Infektionskrankheiten, Fieber und sogar Vergiftungen. Dies lassen wir aber getrost ausser acht und wenden uns stattdessen seiner Seite als Küchenkünstler zu. Denn der saure Ampfer hat offensichtlich das Zeug, Kochmützen zu begeistern!

Sein frischer, säuerlich-bitterer Geschmack verträgt sich unter anderem hervorragend mit Quiches und Spinat. Warum also nicht gleich eine Spinat-Sauerampfer-Quiche backen, deren Guss aus Paprika, Salz, Eiern, süsser und saurer Sahne und dem grünen Gemüse bereitet wird? Lassen Sie dabei einfach ein Drittel des üblichen Spinatanteils weg, ersetzen Sie ihn durch Sauerampfer und fertig ist «la nouvelle création»! Grundsätzlich empfiehlt es sich, Sauerampfer mit milder schmekkenden Kräutern zu kombinieren und die Blätter von Stil und Blattrispen zu befreien. In Butter gedämpft und püriert, entfaltet er sein intensivstes Aroma.

Feines Ampfersösschen

100 g grob gehackte Sauerampferblätter
300 ml kochende Hühneroder Gemüsebouillon
15 g Butter
1 EL Mehl
100 ml Weisswein
Salz und Pfeffer
4 EL geschlagener Rahm

Sauerampfer 5 Minuten in der Bouillon ziehen lassen. Kurz abkühlen lassen und pürieren. Butter in einem Topf erhitzen, Mehl dazugeben und bei milder Hitze Weisswein angiessen. Das Sauerampferpüree dazugeben und unter Rühren 5 Min. köcheln lassen. Mit Salz und Pfeffer abschmecken, geschlagene Sahne unterziehen.

Tip: Passt hervorragend zu Lachs oder pochiertem weissem Fisch, als Crepes- oder Omelette-Füllung oder zu Pasta. Probieren Sie doch mal ein solches Sösschen frei nach Ihrem Geschmack!

Delikate Sauerampfer-Suppe

150 g Sauerampferblätter,
½ Knoblauchzehe
30 g Butter
100 g altbackenes Brot
1 l Gemüsebrühe (oder Kalbsfond)
1 EL Noilly Prat (Wermut)
200 ml Halbrahm, flüssig
Salz, weisser Pfeffer
100 ml geschlagener Rahm

Butter zerlassen, Topf mit Knoblauchzehe ausreiben und kleingewürfeltes Brot knusprig anbraten. Die Brotwürfel herausnehmen. Gemüsebrühe, Wermut und Halbrahm zugiessen und Sauerampfer darin 20 Min. ohne Deckel köcheln lassen. Suppe pürieren, salzen und pfeffern. Schlagrahm unterheben, nochmals erhitzen und die Brotwürfel darüberstreuen.

«Saures» Salatdressing

50 g Sauerampferblätter
50 g Gartenkresse
1 geriebene Zwiebel
5 EL Haselnussöl
1 EL Apfelsaft
1-2 EL Molkosan (oder Sherry- oder Weissweinessig)
Salz, schwarzer Pfeffer

Fein gehackte Sauerampferblätter mit allen Zutaten gut verrühren. Über Rohkost oder gedämpftes, kaltes Gemüse geben.

Schlüsselblume

*W*as wäre ein Frühling ohne Schlüsselblumen! Als eine der ersten blühenden Pflanzen öffnen sie, oft schon im März, das Tor zur wärmeren Jahreszeit. Die beiden in Küche und Hausapotheke verwendeten Arten heissen Primula veris und Primula elatior, die Frühlings- oder auch Arznei Schlüsselblume und die Hohe oder Wald-Schlüsselblume. Beide gehören zur Familie der Primelgewächse. Man findet sie auf sonnigen, feuchten Wiesen, meist im Flachland und in der Alpenregion.

Schlüsselblumen sind teilweise geschützte Pflanzen, man trifft sie immer seltener. Man darf wohl auf einer Wanderung ein Handsträusschen pflücken, soll aber die Wurzeln auf keinen Fall verletzen – damit sie auch nächstes Jahr wieder zeitig die Sonne mit ihren gelben Blüten begrüssen können. Besser ist es, sie im eigenen Garten zu kultivieren – an einem kalkhaltigen, trockenen, sonnigen Plätzchen.

Primula veris, Primula elatior ▶ lat. primus: der Erste; lat. primula: die kleine Erste; lat. ver: Frühling; lat. elatus: erhaben, hoch.

Scheitelstand der Sonne

Hildegard von Bingen riet im 12. Jahrhundert, den Himmelsschlüssel, wie die Schlüsselblume auch heisst, auf das Herz zu binden, um damit Melancholie und Wahnvorstellungen zu vertreiben. Die Schlüsselblume, schrieb die Äbtissin, «ist warm und hat ihre ganze Grünkraft vom Scheitelstand der Sonne». Ihrem Ruf, ein besonderer «Schlüssel» zur Gesundheit zu sein, wird die Echte Schlüsselblume immer noch gerecht. Sie löst Husten und Verschleimung, entspannt vor dem Schlafengehen, hilft mitunter bei Migräne, und der früher sehr beliebte Primelwein hat wohl manchem schon Nerven und Glieder (bei Rheuma) gestärkt. – Aber Achtung: Schlüsselblumen lösen vereinzelt allergische Hautreaktionen aus.

22

Schlüsselblume in Küche und Hausapotheke

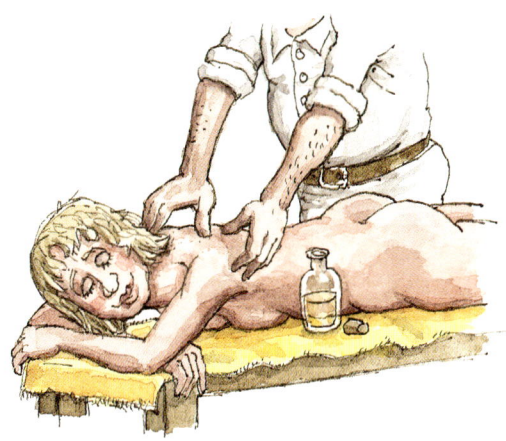

Die Kräuterpfarrer Kneipp und Künzle, wie die überlieferte Volksmedizin überhaupt, haben die Schlüsselblume sehr geschätzt – im Gegensatz zur modernen Phytotherapie. Heute spielt sie von «offizieller Seite» nur noch eine Rolle als milde, unterstützende Massnahme zur Reizlinderung und Schleimsekretion bei Husten, Bronchitis und Erkältungskrankheiten, während die grossen Vertreter der Kräuterheilkunde ihr eine ausgezeichnete Wirkung auch bei Schlaflosigkeit, nervösen Spannungen, Kopfschmerzen und Arthritis nachgesagt haben (in alten Kräuterbüchern wird sie deshalb auch «radix arthritica» bezeichnet). Warum also nicht mit einer wohlschmeckenden Tasse Tee aus Schlüsselblumen, den ersten Frühlingsboten des Jahres, die letzten «Winterviren» aus dem Körper vertreiben?

Massageöl

Frische, aber nicht tau-/regennasse *Schlüsselblumenblüten* lose in eine Glasflasche füllen, mit *Sonnenblumenöl* aufgiessen. Verschlossen 2-3 Wochen an der Sonne stehen lassen, dabei täglich 1-2mal gut durchschütteln. Anschliessend durch ein feines Tuch passieren. Pro 100 ml Öl *je 5 Tropfen ätherisches Lavendel- und Rosmarinöl* beimischen. Ein duftendes Massageöl, das auch Muskel- und Nervenschmerzen lindert.

Der A. Vogel Tip
1 TL Schlüsselblumenblüten mit 1 Tasse siedendem Wasser übergiessen, 10 Min. später abseihen. Morgens und abends 1 Tasse heiss trinken, eventuell mit Honig gesüsst: ein ausgezeichnetes Mittel, um Schleim bei Erkältungskrankheiten der oberen Atemwege gut herauszuschaffen. Lässt sich mit anderen «Hustenkräutern», z.B. Malven und Veilchen, kombinieren.

Luftiger Primelwirbel

250 g Magerquark
1 Vanilleschote
2 EL Birnel
500 ml Rahm (½ l Sahne)
100 g Mascarpone
1 Tasse frische Schlüsselblumenblüten
4-5 EL Honig
Zitronensaft und -schale
Mascarpone mit Quark glattrühren. Vanillemark auskratzen, mit Birnel verrühren und in den Quark geben. Rahm schlagen (nicht zu steif) und unter die Quarkmasse heben. Schlüsselblumenblüten im Mörser zerdrücken, Honig erhitzen und Blüten kurz hineingeben. Honig durchpassieren. Mit Zitronensaft und geriebener Zitronenschale abschmecken. Quark auf tiefe Teller verteilen, Honigsauce darüberziehen und mit frischen Blüten garnieren.

Schlüsselblumen für die Nacht

30 g Schlüsselblumenblüten und -blätter
30 g Johanniskraut
30 g Melisse
10 g Hopfen
Für 1 Tasse *1 - 1½ TL der Mischung* mit *kochendem Wasser* übergiessen und nach 10 Min. absieben. Am besten eine ½ Stunde vor dem Abendessen und vor dem Zubettgehen 1 Tasse in kleinen Schlucken trinken.

Einen angenehmen Schlaf verleiht auch ein duftendes **Schlüsselblumen-Schlafkissen,** das mit *je 2 Teilen Schlüsselblumen- und Lavendelblüten* und *4 Teilen Hopfenzapfen* gefüllt wird.

Schöllkraut

Das Schöllkraut, lat. Chelidonium majus L., gehört zu den Mohngewächsen (Papaveraceae), zu denen etwa 45 Gattungen und 700 Arten zählen, darunter mehrere für den Menschen giftige. Die auch Warzen-, Wulst-, Blut-, Teufelsmilch- und (von den Alchimisten) Goldkraut genannte Pflanze trifft man sehr häufig in der Nähe menschlicher Besiedlungen an. Man erntet das ganze oberirdische Kraut im Mai und Juni. Ein anspruchsloses, an sich unscheinbares Blümchen – wäre da nicht seine Heilkraft und Giftigkeit zugleich.

Was die Pflanze sowohl giftig als auch heilsam macht? Ein orangegelber Milchsaft, der aus den geknickten Stengeln austritt und sich in allen Teilen des Krauts befindet.

Von keinem Geringeren als Aristoteles stammt die Geschichte seiner Entdeckung: Schwalbenmütter behandeln mit dem Milchsaft die verkrusteten Augen ihrer Jungen, wodurch diese von ihrer Blindheit befreit werden.

Chelidonium majus L. ▶ gr. chelidon: Schwalbe; lat. majus: gross. Die Alchimisten nannten die Pflanze Coelidonum: Himmelsgabe ‚ lat. caelum (coelum): Himmel; lat. donum: Gabe, Geschenk.

Berühmtes Cholerikerkraut

Schon Plinius und Dioskurides empfahlen, Schöllkrautwurzeln mit Anis und Wein gegen Gelbsucht zu trinken. Paracelsus, Hahnemann, Hufeland, Rademacher – fast alle grossen Kräuterdoktoren der Vergangenheit waren voll des Lobes über Chelidonium majus bei Gallen- und Leberleiden, aber auch bei Hauterkrankungen und Augenleiden. Cholerischen Menschen, denen bekanntlich schon mal «die Galle überläuft» und die «Gift und Galle versprühen» können, hat man früher ein Amulett aus Schöllkraut verordnet, damit sie ihr seelisch-körperliches Gleichgewicht wiederfänden. Heute weiss man, dass alkaloidhaltige Wirkstoffe einen spasmolytischen (krampflösenden) und mild sedativen (beruhigenden) Effekt besitzen.

Schöllkraut in der Heilkunde

Mit dem Schöllkraut bewegen wir uns auf historischem Boden, denn was der Pflanze heute an Missachtung widerfährt, genoss sie von Hippokrates bis Kneipp an Ruhm und Ansehen. Der Schatz an überlieferten Rezepten könnte Bände füllen. Nicht zuletzt, weil sie ein Paradebeispiel der von Paracelsus vertretenen Signaturenlehre darstellte. Diese längst überholte Lehre schloss von den äusseren Merkmalen einer Pflanze und ihrem «inneren Wesen» auf die medizinische Verwendung. Die gelbe Farbe von Blüten und Milchsaft des Schöllkrauts wurden mit der gelblichen Gallenflüssigkeit und mit Gelbsucht in Verbindung gebracht, womit den Ärzten des Mittelalters tatsächlich ein Zufallstreffer gelang. Wie dem auch sei, möglicher Nutzen und möglicher Schaden liegen nah beieinander. Deshalb ist es ratsam, keine Experimente bei der innerlichen Anwendung des Krauts zu wagen, sondern sich streng an Dosierungsempfehlungen bei Tees und Tinkturen zu halten. Die gelbe Farbe jedenfalls könnte man bedenkenlos nutzen, um Wolle, Stoffe, Leder, die Haare oder Wände einzufärben.

Vorsicht giftig!

Das Schöllkraut ist eine mit der «Opiumpflanze» Schlafmohn verwandte, stark wirkende, giftige Pflanze. Die Dosis entscheidet über ihre Heilkraft. Bei einer Überdosierung können Schmerzen im Magen-Darm-Bereich, blutige Durchfälle mit schmerzhaften Koliken u.a. auftreten.

Der A. Vogel Tip

Die aus frischem Schöllkraut hergestellte **Chelidonium majus Ø** Urtinktur (nicht in D erhältlich) ist ein traditionelles Naturheilmittel zum Verätzen von Warzen. Mehrmals täglich ein paar Tropfen mit einem Wattebausch oder -stäbchen auf die Warze(n) auftragen. Die homöopathischen Tropfen **Chelidonium D 2** (nur in CH) und **Chelidonium D 4** (in D) wirken organspezifisch auf die Leber, unter anderem bei Gallenkoliken sowie Verstopfung infolge mangelnder Lebertätigkeit.

Gallentee

1 TL getrocknetes Schöllkraut mit 1 Tasse kochendem Wasser übergiessen und 5-10 Min. ziehen lassen. Abseihen und möglichst warm 2-3mal täglich zwischen den Mahlzeiten trinken. Dieser Tee hilft bei krampfartigen Beschwerden der Gallenwege und Verdauungsorgane, Gallenentzündungen und -koliken.

Man kann Schöllkraut gut mit anderen Leber-Galle-Kräutern, z.B. Pfefferminze, Löwenzahn und Schafgarbe, kombinieren, weshalb Schöllkraut in einer Reihe von Teemischungen und Kombinationspräparaten enthalten ist. Bei einer Lagerung des getrockneten Krauts über 6 Monate hinaus, lässt seine Wirkung stark nach.

Warzenkraut

Die Ansicht, dass der frische, zellteilende Milchsaft des Schöllkrauts Warzen, Hühneraugen und Hautwucherungen zum Verschwinden bringe, ist zwar nicht unumstritten, ganze Generationen von Kräuterkundigen schwören jedoch darauf.

Wen hartnäckige Warzen plagen, der sollte den *frischen Saft, der aus dem gepflückten Stengel* tritt, auf die betroffenen Hautstellen träufeln. Morgens und abends bis zu 2 Wochen lang wiederholen. Auch mit der Tinktur lohnt sich ein Versuch. Nicht verzagen, wenn die Prozedur nicht hilft! Die Natur hat noch weitere Trümpfe in der Hand, von Thujasaft bis Bananenschalen.

Spitzwegerich

Der Spitzwegerich, einer der Vertreter der Wegerichgewächse (Plantaginaceae), ist fast auf der ganzen Welt verbreitet. Ihm gefällt es an trockenen Plätzen am Wegesrand, neben Feldern und Wiesen, und er scheint sich selbst durch kleine Ritzen im Beton einen Weg ans Licht zu bahnen. Den feinen weissen Blütenschleier trägt die ausdauernde Pflanze von Mai bis September. Die lanzettförmigen Blätter kann man den ganzen Sommer über sammeln. Für die Verwendung in der Küche sind die zarten Frühlingsblätter am besten geeignet; für die Ernte der Samen (ein mildes Abführmittel) sollte man auf einen trockenen Augusttag warten. In der Kräutermedizin hat der Spitzwegerich seit jeher einen festen Platz. Bis in die heutige Zeit ist vor allem seine Bedeutung als «Hustenkraut» lebendig geblieben.

Plantago lanceolata ▶ lat. planta: Fusssohle; lat. lanceolata: spitz, mit einer Lanze versehen.

«White Man's Foot»

Der deutsche Name Wegerich lässt sich auf das althochdeutsche Reik und das lateinische Rex zurückführen und bedeutet soviel wie «Herrscher am Wegesrand». Ein bei uns weit verbreiteter und recht wanderfreudiger Herrscher, der seit Urzeiten zu den Arzneien vieler Völker gehört – und sich auch in der neueren Geschichte munter und zum Wohle vieler weiterverbreitet hat. Weil seine Samen an den Schuhen, Hufen und den Rädern der Planwagen hafteten, wurde er im Westen der USA von den weissen Siedlern verbreitet. Bei den Indianern heisst die Pflanze aus diesem Grund «Fusstritt des weissen Mannes». Die kräuterkundigen Indianer erkannten rasch den Wert des für einmal nicht bedrohlichen Geschenks, das ihnen die Bleichgesichter gebracht hatten, und verwendeten «White Man's Foot» zur Wundheilung sowie zur Fieberbekämpfung.

Spitzwegerich in Hausapotheke und Küche

Immer wieder stösst man in der weitläufigen Kräuterliteratur darauf, dass Kinder Spitzwegerichsirup oder -saft (mit Honig oder Birnendicksaft gesüsst) ausgesprochen gerne mögen. Probieren Sie es beim nächsten Husten einfach mal aus! Deshalb verwundert es auch nicht, dass man schon früh bei der Erfindung von Hustenbonbons an dieses antibakteriell wirkende Kraut gedacht hat. Denn Spitzwegerichextrakte lösen selbst zähen Schleim und lindern Beschwerden im gesamten Hals- und Rachenraum.

In der Küche lässt sich das Wildkräutlein mit etwas Phantasie so vielseitig verwenden wie Bärlauch, Löwenzahn und Sauerampfer. Die Blätter sind, fein gehackt, eine Bereicherung einer jeden Gemüse- oder Kräutersuppe, mit einer leicht herben Geschmacksnuance zwischen Spinat und Kohl. Sie eignen sich auch als Beigabe von Rohkosttellern und Blattsalaten sowie Saucen, besonders in der Béchamelsauce.

Spitzwegerich-Tee

3-4 frische Spitzwegerichblätter, fein geschnitten, oder *1 TL getrocknete, geschnittene Blätter* pro *Tasse Wasser* einige Min. leicht kochen und 5 Min. ziehen lassen. Mit wenig *Honig* süssen und täglich 3–4 Tassen warm trinken. Ein wirkungsvolles Mittel gegen Husten und Katarrh.

Der A.Vogel-Tip

Spitzwegerich-Sirup ist ein altbewährtes Mittel bei Erkältungskrankheiten, Husten und Verschleimung. Er enthält die Auszüge aus Spitzwegerichkraut und frischen Tannen- bzw. Fichtenspitzen.

Usneasan Bonbons N (in D: **Usnetten**) enthalten neben Spitzwegerich Süssholz, Veilchenwurzel, Isländisch Moos, Bartflechte, Lärchen- und Föhrentriebspitzen. Sie wirken wohltuend und lindernd bei Husten, Heiserkeit, Rachenkatarrh und rauhem Hals.

Spitzwegerich-Öl

1 Handvoll Blätter kurz vor der Blüte fein zerschneiden, in ein Glas füllen und mit *kalt gepresstem Sonnenblumen- oder Olivenöl* auffüllen. 3 Wochen an der Sonne stehenlassen, zwischendurch schütteln, dann sieben und in einer dunklen Flasche kühl lagern. Leicht erwärmt auf (schlecht heilende) Wunden, alte Verbrennungen oder Lippenbläschen (Herpes simplex) auftragen.

Insektenstiche

Spitzwegerichblätter sind ein altbewährtes Mittel gegen Insektenstiche. Blätter zerquetscht auf die Einstichstelle legen. Bei Bienenstichen tut auch der grosse Bruder Breitwegerich ein Übriges.

Wald-und-Wiesen-Gnocchi

300 g Kartoffeln
4-5 EL Vollkornmehl
5 EL frische, kleingeschnittene Kräuter (Spitzwegerichblätter, Thymian, Löwenzahn und/ oder Sauerampfer)
Pfeffer, Salz
Olivenöl oder Butter

Kartoffeln kochen, heiss schälen und durchpressen. Mit Mehl und Kräutern mischen, salzen und pfeffern. Zu einer Rolle formen im Kühlschrank 30 Min. ruhen lassen. Kleine Stücke mit dem Löffel abstechen und zu ovalen Bällchen formen. Diese in kochendes Salzwasser geben und solange ziehen lassen, bis sie an die Oberfläche steigen. Währenddessen ca. *200 g frische Pilze* in *Butter oder Öl* anbraten und Gnocchi kurz vor dem Servieren dazugeben.

Stiefmütterchen und Veilchen

Betörender Duft und sinnliche Farbgebung – zwei kleine Pflanzenwunder aus der großen Familie der Veilchengewächse (Viola), von der weltweit mehr als 200 Arten bekannt sind: Stiefmütterchen und (Duft-)Veilchen. Während das mehrjährige Veilchen einer der ersten Frühlingsboten ist (Sammelzeit der Blüten ist im März und April), läßt sich das einjährige Feldstiefmütterchen mit der Blüte bis zum Mai Zeit (Ernte der Blüten von Mai bis August, des Krauts und der Wurzeln im Herbst). Das bescheidene Veilchen war übrigens die Lieblingsblume Napoleons. Er schickte Kaiserin Josefine auch noch nach der Scheidung kleine Bouquets. An der Vorliebe der Franzosen für die kleine Duftblume hat sich bis heute nichts geändert.

Viola tricoloris ▶ lat. dreifarbiges oder Ackerveilchen oder Feldstiefmütterchen
Viola odorata ▶ lat. wohlriechendes oder Duftveilchen.

Der A. Vogel Tip 1

Das Stiefmütterchen ist eine sehr nützliche Heilpflanze, wenn es um die innerliche und äusserliche Behandlung von Hautleiden geht. Seit dem Mittelalter behilft man sich mit ihr bei Akne, Milchschorf, Flechten, Ausschlägen, trockenen sowie nassen Ekzemen mit grossem Erfolg. Die betroffenen Hautpartien werden mit **Violaforce** (in D: **Violasan**) betupft, parallel dazu nimmt 3mal täglich Violaforce innerlich ein. Zur Pflege der Problemhaut eignet sich ausserdem **Echinacea-Crème** auf der Basis von Echinacea und Viola tricolor.

Viola für Hals und Haut

Beide Pflanzen werden als Medizinaldrogen verwendet und enthalten Saponin und Salizylsäure. In der Volksheilkunde sind sie vor allem bei Husten, Katarrh, Halsentzündungen, fiebrigen Erkältungen, Lungen- und Hautleiden im Gebrauch.
Die besten Behandlungserfolge erzielt man mit dem Stiefmütterchen bei Hautkrankheiten. Besonders Kinderärzte rühmen den Stiefmütterchentee bei Milchschorf, Ekzemen und anderen Hautkrankheiten des Kindes. Das Veilchen findet vor allem als Tee oder Absud der getrockneten Blätter oder Wurzeln bei Husten und Katarrh Verwendung.

Viola in Heilkunde, Küche und Kosmetik

Versteht sich das Feldstiefmütterchen mehr auf die Heilkraft, so hat sich das betörend blumig-süsse Duftveilchen schon immer in der Parfümherstellung und in der Küche beliebt zu machen gewusst. Die Perser stellten aus Veilchen ihr Lieblingsgetränk, den Sherbet, her. Die Römer und Griechen aromatisierten mit den Blüten den Wein und waren der Ansicht – oder besser: der Hoffnung –, dass Veilchenkränze sie vor den Folgen der Trunkenheit bewahren würden. Ausserdem schätzten sie die Blüten als kandierte Süssigkeit, und schon Hippokrates ver-

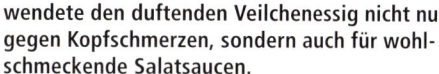

wendete den duftenden Veilchenessig nicht nur gegen Kopfschmerzen, sondern auch für wohlschmeckende Salatsaucen.

Im Blattsalat sind Veilchenblüten auch pur, zum Beispiel im Verbund mit Gänseblümchen und Erdbeerachteln, geniessbar und zum Anbeissen schön. Die Franzosen greifen zu Sirup aus Veilchenblüten bei Husten und Katarrh, und ganz besondere Feinschmecker lassen sich Veilchen-Eis, -Gelee, -Marmelade, -Konfekt, -Likör, -Bowle und viele andere Leckereien natürlich nicht entgehen.

Veilchen-Kir

1 Handvoll Veilchenblüten mit dem *Saft von 2 Orangen* 2 Std. ziehen lassen und dann abseihen. *2 EL Honig* darin auflösen, Sektgläser zu einem Viertel damit füllen, mit *kaltgestelltem Sekt (insgesamt 1 l)* aufgiessen.

Anstelle von Sekt kann man *kohlensäurehaltigen Traubensaft* verwenden. Ob «mit» oder «ohne»: eine prikkelnde Frühlingserfrischung.

Violasirup

100 g frische Veilchenblüten mit *150 ml kochendem Wasser* übergiessen, 24 Std. ziehen lassen, absieben. Mit *4 EL Birnendicksaft* oder *Akazienhonig* im warmen Wasserbad auflösen. Bei Erkältungen und Bronchitis täglich 2–3 EL einnehmen. (Leicht abführend!)

Aknetee

10 g Stiefmütterchenkraut
10 g Ringelblumen
10 g Augentrost
10 g Johanniskraut
2 TL der Mischung mit ¼ l kochendem Wasser übergiessen, 10 Min. ziehen lassen. Bei Hautunreinheiten und Akne 3 Tassen täglich lauwarm 4-8 Wochen lang trinken. Den Tee kann man zugleich für Kompressen oder als Gesichtswasser benützen.

Veilchenblütenessig

3 Handvoll frische Veilchenblüten ohne Stiele mit *1 l Weisswein- oder Apfelessig* übergiessen, in einer Flasche 2 Wochen an der Sonne stehenlassen, dann abfiltern.

Der A. Vogel Tip 2
Für die tägliche Hautpflege gibt es nichts Besseres als die 100 % natürliche **Viola-Gesichtspflegelinie** mit Stiefmütterchenextrakten, die sich für jeden Hauttyp eignet. Die **Reinigungsmilch** reinigt die Haut sanft, die **Gesichtslotion** desinfiziert, erfrischt und belebt die Haut. Die **Tagescrème** spendet Feuchtigkeit und schützt die Haut vor dem Austrocknen; die **Nachtcrème** macht sie elastischer und widerstandsfähiger.

Waldmeister

*H*erzfreund, Maikraut, Duft-
labkraut, Sternleberkraut –
der Waldmeister, der auch ein
Waldmännchen ist, ist ein
Meister der schönen Namen.
Er wächst auf (halb-) schatti-
gem, feuchtem Boden, be-
vorzugt Buchenwälder und
vermehrt sich, hat er einmal
Fuss gefasst, mit grosser
Geschwindigkeit. Die Blätter
dieser zu den Krappgewäch-
sen (Rubiaceae) gehörenden
Pflanze sind schmal und
stehen sternförmig in Etagen
übereinander.

Ebenso auffälliges Merk-
mal der bis zu 30 cm hohen
Maiblume ist ihr angenehm
aromatischer Duft, der von
einem ihrer Inhaltsstoffe,
Cumaringlykosid, ausgeht
und besonders an der
welkenden Pflanze intensiv
zu riechen ist. Steht ein
Wetterumschlag bevor, so der
Volksglauben, rieche Waldmeister besonders stark.

Verwechslungsgefahr be-
steht aufgrund der Gemein-
samkeit der hübschen, weissen Blütensterne mit anderen
Labkrautarten, die allesamt
aber nicht das aromatische
Cumarin verströmen.

Galium odoratum bzw. Asperula odorata
▶ gr. gala: Milch; lat. asper: rauh; lat.
odorata: wohlriechend.
Der Name Asperula bezieht sich auf die
rauhen Blätter einiger Arten.

«Das hertz erfrewen»

Der Mai erfreut das Herz – und der
Maiwein erst recht. So ähnlich jedenfalls schrieb der Botaniker
Hieronymus Bock, genannt Tragus,
im 16. Jahrhundert über den
Waldmeister. Schon früher, bereits
vor der ersten Jahrtausendwende,
haben Benediktinermönche den
Maiwein entdeckt – jenes
Getränk, aus dem später das
werden sollte, was heute noch

vielen als Maibowle ein Begriff
ist. Dafür sammelt man den Wald-
meister vor oder während der
Blüte. Wenn man ihn nach der
Blüte pflückt, so kann er für
Heilzwecke verwendet werden –
und gegen Motten. Denn deren
Herz «erfrewt» der uns erfri-
schende, etwas heuige Cumarin-
Geruch ganz und gar nicht, im
Gegenteil: Kleine Büschel

zwischen die Kleider gelegt oder
gehängt, sind so gut wie eine
Haltbarkeits-Garantie.

Waldmeister in Küche, Haus und Garten

Süssduftende Girlanden, wohlriechende Kräuterkissen und der fröhlich stimmende Maiwein: Die kleine duftende Waldpflanze konnte zwar nie auf das höchste Podest der Offizinal- und der Küchenkräuter steigen, hat aber nichtsdestotrotz eine beachtliche Bekanntheit erreicht. In der Volksmedizin wird unter anderem ihre krampflösende, blutverdünnende, beruhigende, leicht schmerzstillende und entzündungshemmende sowie leber-, herz- und venenstärkende Wirkung beschrieben. Eingeprägt hat sich in mitteleuropäischen Weinbauregionen allerdings eine ganz andere Rezeptur, die lautet: «Schüttle den perlenden Wein auf das Waldmeisterlein.» Doch bei allen Frühlingsgefühlen sollte man diesem lustigen Pflänzchen gegenüber etwas zurückhaltend sein: Eine Maibowle kann rasch zu Kopfe steigen, und das im Waldmeister enthaltene Cumarin kann Kopfschmerzen, Schwindel und Übelkeit erzeugen.

Waldmeister-Schlafkissen

Duftende Kissen, die den Zugang zur Welt der Träume erleichtern, haben sich die Menschen schon immer gern gegönnt. Warum nicht selbst *getrockneten Waldmeister, Lavendel, Lindenblüten, Hopfenzapfen, Salbei* und *Melissenblätter* in ein Kopfkissen einnähen? Und dann: Gute Nacht!

Der A. Vogel Tip

Waldmeister macht sich im Garten als duftender Bodenbedecker besonders gut unter Buchenhecken oder neben Immergrün. Halbschatten und Feuchtigkeit genügen ihm, um jeweils im Mai zur Hochform aufzulaufen. Das ganze Kraut wird ca. 2 cm über der Erde abgeschnitten und frisch oder getrocknet in kleinen Bündeln verwendet. Waldmeister eignet sich auch zum Einfrieren, locker in Gefrierschalen gelegt. Nach dem Auftauen wie die frische Pflanze verarbeiten.

Waldmeister-Zabaione

1 ganzes Ei
50 g Akazienhonig
2 Eigelb
einige Spritzer Zitronensaft
1 Messerspitze geriebene Zitronenschale (unbehandelt)
100 ml fruchtiger Weisswein
1 EL Waldmeisterblätter, fein gehackt
Ei und Honig in einem feuerfesten Glas- oder Porzellantopf im heissen Wasserbad (knapp vor dem Siedepunkt) schaumig schlagen. 2 Eigelb hinzufügen und bis zur gewünschten Festigkeit kräftig aufschlagen. Zitronensaft und -schale, Weisswein und Waldmeister langsam einschlagen. In vorgewärmte Glasschalen über Erdbeeren oder andere Beeren der Saison geben.

Tanz in den Mai: «mit»

Ein *Büschel Waldmeister mit Blüten* nach unten in einen Krug hängen, mit *½ l Weisswein* begiessen, 1 Std. ziehen lassen. Danach Kräuter herausnehmen, einen weiteren *1/2 l Weisswein, ein paar Spritzer Zitronensaft* und *1 Flasche gekühlten Sekt* hinzugeben. Nach Belieben süssen und *Erdbeerachtel* oder *Walderdbeeren* zufügen.

… oder «ohne»

Ein *Büschel Waldmeister* in *½ l Apfel- oder Traubensaft* (weiss) 1 Std. ziehen lassen, dann Büschel entfernen, nach Belieben etwas *Zimt* zugeben und mit *je 1 l eisgekühltem Mineralwasser* und *Traubensaft* aufgiessen. Ein herrlicher Durstlöscher für die ersten heissen Tage.

Arnika

Die vielerorts geschützte Arnika ist ein Klassiker der Homöopathie und der Naturheilkunde. Sofern sie der Mensch nicht verdrängt hat, was leider mancherorts der Fall ist, streckt sie ihre leuchtenden, goldgelben Blüten auf Bergweiden und in kalkarmen Moränen keck der Sonne entgegen – ein herber und unverwechselbarer Bergbewohner, den man, wenn man ihn trifft, am besten da lässt, wo er ist. Die auch als Bergwohlverleih, Gems- oder Blutblume bekannte Arnika gehört zur Familie der Korbblütler (Compositae). Man verwendet von ihr meist entweder die ganzen Blütenköpfe, die ausgezupften Einzelblüten (ohne ihren grünen Kelch) und erntet im Juni, Juli kurz vor oder während der Blüte.

Arnica montana ▶ Arnica, Ursprung unklar, vermutlich aus dem gr. ptarmikos: Niesen anregend; lat. mons, Berg.
Das Pulver der Arnika wurde früher für Schnupftabak verwendet, weshalb die Pflanze manchmal auch Schnupftabakskraut genannt wird.

Homöopathikum bei Unfallverletzungen

Bei Unfällen, wie z.B. Quetschungen, Verstauchungen oder Zerrungen, bei Insektenstichen und -bissen sowie Verbrennungen ist Arnika eines der besten und sicher das bekannteste der homöopathischen Mittel.
Dr. Samuel Hahnemann, der Begründer der Homöopathie, hat die Wirkung des kleinen Pflänzchens zu Beginn des 19. Jahrhunderts eingehend untersucht. Er fand heraus, dass Arnika im Körper Gefühle wie nach einem Sturz, einer Prellung usw. auslöst und somit bei einer Verletzung genau diese Symptome sehr zuverlässig behandelt.
Vielerorts ist Arnika geschützt oder die Sammelmenge limitiert. Erkundigen Sie sich, ob Sie Arnika in freier Natur sammeln dürfen.

Falls ja, achten Sie darauf, dass sich keine Larven von Arnikafliegen in den Blütenköpfchen befinden (hautreizend!). Arnikatinkturen und -kraut sind ohnehin am besten über die Apotheke oder Drogerie zu beziehen.

Arnika in Heilkunde und Kosmetik

Die Arnika ist eine der am meisten verwendeten Heilpflanzen, obwohl sie wegen ihrer Giftigkeit innerlich nicht eingenommen werden soll, abgesehen von der stark verdünnten homöopathischen Verabreichung. Auch von Tee aus Arnikablüten ist dringend abzuraten, da bereits solche Dosierungen Brechreiz, Allergien und Hautreizungen zur Folge haben können. Äusserlich kommt die kleine gelbe Blume in der Haut- und Haarpflege sowie in Form von Umschlägen, Salben oder Ölen gerade bei Sportverletzungen (Blutergüsse, Verstauchungen, Prellungen, Quetschungen), Krampfadern und rheumatischen Muskel- und Gelenkbeschwerden mit Bravour zum Einsatz. Furunkel, Abszesse und Entzündungen in Folge von Insektenstichen fallen ebenso in ihr Gebiet.

Waschlotion für das Gesicht

50 g Weizenkleie
½ Liter warmes Wasser
1 TL Arnika-Tinktur
Weizenkleie und Arnika-Tinktur mit Wasser verrühren und sanft kreisend in die Gesichtspartien einmassieren (Augen aussparen), dann lauwarm wieder abwaschen. Arnika-Extrakte sind wegen ihrer wundheilenden und entzündungshemmenden Eigenschaften Bestandteil von Salben, Lotionen oder Cremes für Akne und unreine, gerötete und stark strapazierte Haut.

Der A. Vogel Tip

Vorsicht: Bei längerer, äusserlicher Anwendung von Arnika können Hautreizungen, Ekzeme und Allergien auftreten. Allergiker und rotblonde, hellhäutige Menschen sollten anstelle von Arnika lieber auf die Ringelblume umsteigen, die eine ähnliche Wirkung auf Haut und Haare hat.

Arnika-Umschläge

2 TL frische Arnikablüten mit *1 Tasse kochendem Wasser* übergiessen, zugedeckt 10 Min. ziehen lassen, abseihen. **Variante:** *1 EL Arnika-Tinktur* mit *½ l abgekochtem Wasser* verdünnen. Ein Leinentuch mit dem Aufguss bzw. der verdünnten Tinktur tränken, abtropfen lassen und auf die schmerzenden Körperstellen legen. Mit einem Frotteetuch bedecken und nach ½ Std. entfernen.

Arnika-Umschläge werden auch in der **Tierheilkunde** bei Verstauchungen, Prellungen, Gelenksentzündungen oder Blutergüssen angewendet.

Für **unterwegs** gibt es im Fachhandel die praktischen Arnika-Wundtüchlein.

Massageöl

1 TL frische Arnikablüten
1 TL frische Ringelblumen
1 TL frische Lavendel- oder Schlüsselblumenblüten
1 Prise frischen Thymian
1 l Mandel- oder Sonnenblumenöl
Die Kräuter in Mandel- oder Sonnenblumenöl ansetzen. 3–4 Wochen an die Sonne stellen, zwischendurch gut schütteln und dann abpressen. Ein hervorragendes Massageöl, das die Haut nach dem Bade glättet und nährt und zugleich Muskeln und Nerven verwöhnt.

Basilikum

Das weissblühende Basilien-kraut aus der Familie der Lippenblütler ist eigentlich gar kein echter Italiener, schon gar kein Genuese, obwohl sich niemand auf die herrliche, grüne, kalt über heisse Spaghetti verteilte Basilikumsauce (Pesto) bes-ser versteht als die Bewohner der ligurischen Küste. Die kleinen, frischen, ungeheuer aromatischen Blättchen stammen aus Indien. Dort ist Basilikum unter dem Namen «tulsi» Bestandteil der ayurvedischen Medizin.

Schon seit dem Altertum stehen sie im Rang eines königlichen Würz- und heili-gen Zauberkrauts. Verschie-denste Arten sind bekannt, die in Wuchs, Blattfarbe und Form variieren, z.B. das Wilde, Rote, Krause, Ost-indische Baum-, Busch-, Neapolitanische, Thai- oder Mexikanische Gewürz-Basi-likum.

Während es in südlichen Regionen mehrjährig ist, hält es sich in unseren Gärten nur einen Sommer lang.

Basilikum ► lat. Ocimum basilicum; gr. ocimum: wohlriechend; gr. basilikos: König – wonach das Basilienkraut eine Pflanze von königlichem Wohlgeruch ist.

Königliche, heilsame Düfte

Es schmeckt nicht nur gut, son-dern ist auch gesund. Aber über dem Senkrechtstart in der Zeit-geistküche ist seine heilende Kraft ins Hintertreffen geraten. Dabei enthält es viel Vitamin A, C und Niacin, Kalium, Kalzium, Magne-sium und Eisen. Hauptwirkstoff ist ein kampferartiges ätherisches Öl, das häufig in Parfums, Seifen, Kosmetikartikeln und Likören ent-halten ist. Es wirkt unter anderem antiseptisch, schleimlösend und entblähend. Dementsprechend findet das Kraut bei Blähungen, Husten und Heiserkeit Verwen-dung. Darüber hinaus stärkt und beruhigt es die Nerven und fördert es die Verdauung.

Basilikum in Küche, Bad und Hausapotheke

Seit mehr als zehn Jahren ist Basilikum nicht mehr aus unseren Tellern wegzudenken. Die grosse Nachfrage macht's möglich, das kälteempfindliche Gewürzkraut ist praktisch das ganze Jahr über erhältlich. Geschmack und Duft sind jedoch im Juni, Juli am intensivsten. Und zu dieser Jahreszeit passt das zarte, den Schnecken im Garten so überaus sympathische Pflänzchen auch am besten. Denn es gehört einfach zur richtig schönen italienischen Küche – mit warmen Sommerabenden, Rotwein, Pasta, Tomaten, knackigen Salaten und krossen Aperitifhäppchen. Bei der Ernte aus dem eigenen Garten oder Topf geht man meist vorsichtig, aber falsch vor: nicht die Blätter einzeln abzupfen, sondern den ganzen Blatttrieb zirka einen Zentimeter über den untersten Seitentrieben abschneiden. Und noch ein

Fehler, den es zu vermeiden gilt: Beim Kochen entweichen die ätherischen Öle, also erst vor dem Servieren über die Gerichte streuen, egal ob es sich um Tomatensuppe, Pizza oder Tomatensugo handelt.

Blähungstee

1-2 gehäufte TL Basilikumkraut mit *1 Tasse kochendem Wasser* übergiessen, 10 Min. ziehen lassen und abseihen. Bei chronischen Blähungen 1 Woche lang 2-3mal täglich 1 Tasse zwischen den Mahlzeiten trinken, dann 2 Wochen pausieren und erneut 1 Woche lang den Tee trinken.

Basilikum-Vinaigrette

1 rote Zwiebel
1-2 Knoblauchzehen
4 EL Gemüsebrühe
3 EL Balsamicoessig
4 EL kaltgepresstes Olivenöl
1 Bund Basilikum
1-2 TL Moutarde de Meaux
Zwiebeln und Knoblauch fein wiegen (=hacken) und mit den restlichen Zutaten verrühren. Basilikumblätter zerrupft in die Vinaigrette geben. Zu kaltem, hauchdünn aufgeschnittenem, gekochtem Rinderfilet, Siedfleisch oder Rindfleischsülze. Eine herzhafte Sommerdelikatesse.

Der A. Vogel Tip

Die Griechen verwendeten Basilikum nicht nur zum Aromatisieren von Most, Essig, Wein und Likör, sondern auch im Bade – zur Entspannung und Stärkung der Nerven. Die Aromatherapie setzt diese Tradition fort.
Genehmigen Sie sich nach einem anstrengenden Tag ein **Bad** mit je 5–10 Tropfen Basilikum- und Rosmarinöl oder mit einem Aufguss aus blühenden Basilikumspitzen und -blättern. Melancholie, Ängste, seelische Verkrampfungen und nervöse Erschöpfung sollten sich dann verflüchtigen. Ähnlich wohltuend ist eine **Massage** mit Basilikumöl, dem ein paar Tropfen Ysop-, Bergamott- oder Geranienöl hinzugefügt werden.

Pasta con Pesto

2 Bund Basilikum
1 Bund glatte Petersilie
2 EL Pinienkerne
4 Knoblauchzehen
1 TL Meersalz, Pfeffer
200 ml kaltgepresstes Olivenöl
2 EL geriebener Parmesan
1 Prise Muskatnuss
Im Mörser Pinienkerne und Knoblauchzehen zerstossen, Basilikumblätter und Petersilie kleinschneiden, dazugeben. Einen Teil des Öls darüberträufeln, pürieren und übriges Öl langsam zugiessen. Würzen, Parmesan untermischen und kalt über Pasta oder Gnocchi geben.

Frisches Pesto lässt sich max. 1 Woche aufbewahren. Besser: Rest am nächsten Tag auf geröstete Brotscheiben streichen und mit Tomaten (und Mozzarella) garnieren.

Frauenmantel

Schalenartige Blätter, an denen meist einige silbrige Tautropfen blinzeln, und gelblich-grüne Blüten an langfingrigen, feinen Stielen – auf feuchten Voralpen- und Alpenweiden findet man den Frauenmantel und seinen Bruder, den Silbermantel, die Alchemilla xanthochlora und die Alchemilla alpina, recht oft. Sie blühen von Mai bis August und werden etwa 10 bis 50 Zentimeter gross. Von beiden verwendet man entweder die getrockneten Blätter oder, wiewohl seltener, das getrocknete ganze Kraut. Wichtigstes Unterscheidungsmerkmal des zu den Rosengewächsen gehörenden Geschwisterpaares: Die Blätter des heilkräftigeren Silbermantels besitzen unterseitig einen silbernen Haarflaum.

Alchemilla xanthochlora syn. vulgaris ▶ arab. a-lkemelih resp. al-kimiya – die Alchemisten haben dem Tau des Frauenmantels besondere Heilkräfte zugeschrieben; gr. xanthos: gelb; gr. chlora: grünlich; lat. vulgaris: einfach.
Frauenmantel heisst die Pflanze, weil sie ein bewährtes Kraut bei Frauenkrankheiten ist und der Mode der Mäntel glich, die die Frauen im Mittelalter trugen.

Hilfe bei Frauenleiden

Wie schon der Name Alchemilla sagt, steckte der Frauenmantel früher mit den Alchimisten unter einer Decke. Aus den Tautropfen, die wie himmlische Perlen am Mantelsaum des Alchimistenkrauts glitzern, wollte man Gold herstellen bzw. den Stein der Weisen – leider vergeblich. So blieb es bis heute dabei: Der Frauenmantel ist ein erfahrungsgemäss wirksames, vorbeugendes, mütterlich schützendes Kraut bei vielen Frauenleiden.
Aus dem Altertum ist uns schriftlich nichts über die Alchemilla überliefert, wohl aber weiss man, dass sie zur Zeit der alten Germanen bei Fruchtbarkeitsriten eine grosse Rolle spielte und Frigga, der Göttin der Natur und Gesundheit, zugesprochen war.

Frauenmantel in der Hausapotheke

Der mit allerhand weiblichen Namen bedachte Frauen-, Muttergottes- oder Liebfrauenmantel – manchmal auch einfach Weiberkittel oder Mutterkraut genannt – ist in der Tat ein bewährtes Frauenkraut, das Klimateriums-, Unterleibs-, Menstruationsbeschwerden und starke Monatsblutungen lindert. Dank seiner blutstillenden und entzündungshemmenden Wirkung wird es als innerliches und äusserliches Wundkraut gerühmt, historische Kräuterbücher, von Hildegard von Bingen über Paracelsus, Bock und Matthiolus bis zu Madaus sind voll des Lobs. In der Volksmedizin waren Salben, Breiumschläge, Spülungen (z.B. bei Entzündungen im Mund- und Rachenraum oder bei Ausfluss), Sitzbäder und Tee aus Frauenmantelkraut gebräuchlich.
Die Behandlung von Durchfall- und Magen-Darm-Erkrankungen ist ein weiteres Anwendungsgebiet. In der modernen Phytotherapie läuft die Pflanze jedoch Gefahr, als Heilmittel von der Bildfläche zu verschwinden, da ihre Inhaltsstoffe bisher kaum erforscht sind.

Frauentee-Mischung

20 g Frauenmantel
10 g Silbermantel
20 g Schafgarbe
20 g Gänsefingerkraut
10 g Taubnessel
10 g Kamille
10 g Johanniskraut
4-5 TL der Kräutermischung
mit *½ l Wasser* kurz aufkochen und 5 Min. ziehen lassen, in eine Thermoskanne abseihen (in Thermoskannen sind Kräutertees bis zu 12 Std. haltbar).

Bei Schmerzen im Unterleib den Tee in Etappen über den ganzen Tag verteilt trinken. Diese Teemischung kräftigt die Unterleibsorgane, was bei Menstruations- und Wechseljahrbeschwerden sowie speziell nach der Geburt von Nutzen ist. Bei unregelmässiger oder schmerzhafter Mensis schon einige Tage vor der Blutung 2-4 Tassen am Tag trinken.

Der Frauentee sollte über einen längeren Zeitraum hinweg getrunken werden.

Magen-Darm-Tee

3-4 TL Frauenmantelkraut, getrocknet mit *einer grossen Tasse heissem Wasser* übergiessen und 10 Min. ziehen lassen, abseihen.
Täglich 2-3 Tassen dieses frisch zubereiteten Tees warm zwischen den Mahlzeiten trinken. Zur Unterstützung der Therapie von akuten, unspezifischen Durchfallerkrankungen und Magen-Darm-Störungen bei Kindern und Erwachsenen.

Dauert ein Durchfall länger als 3-4 Tage, sollte man den Arzt konsultieren.

Frauenmantel im Garten

Frauenmantel wächst ohne besondere Pflege an einer sonnigen oder leicht schattigen, humösen, feuchten Stelle im Garten. Für den Tee erntet man das ganze blühende Kraut (ohne Wurzeln) von Mai bis August. Am besten eignet sich Alchemilla mollis als dekorative Randbepflanzung oder natürlicher Bodenbedecker im Garten.

Der A. Vogel Tip
Da Frauenmantelblätter als Tee oder Wildgemüse stopfend wirken, sollte man sie immer nur in Kombination mit anderen Kräutern verwenden, ausser natürlich bei Durchfall – dort ist diese Eigenschaft ja erwünscht.

Goldmelisse

Die Goldmelisse ist im Osten der USA sowie in Südamerika zu Hause und wurde von den Indianern schon lange bei Atemwegserkrankungen verwendet, bevor die weissen Siedler ihren Wert als Teepflanze schätzen lernten. In Europa findet man die Indianernessel, Pferdemelisse oder Monarde, wie die zu den Lippenblütlern gehörende Monarda didyma auch heisst, zuweilen als Zierstrauch in den Gärten und eher selten wild wachsend. Die farbigen, von Juni bis Oktober blühenden Blumenkronen ziehen mit ihrem würzigen Duft die Bienen an und können, wie die Blätter, den ganzen Sommer über geerntet werden. Will man die Blätter trocknen, so empfiehlt es sich, sie schon vor der Blüte zu pflücken.

Monarda didyma ▶ nach Nicolás Monardes (1493 – 1578), span. Botaniker; lat. didymos: doppelt, zweifach. Der Name didyma bezieht sich auf die zweiklappige Frucht.

Rauchiger Verdauungstee

Der Tee aus den Blättern der Goldmelisse schmeckt rauchigwürzig und sehr angenehm. Gegen Verdauungsbeschwerden wirkt er sanft und lösend. Man kann die frischen Blätter auch in den Schwarztee geben. Dadurch entsteht ein leicht rauchiger Geschmack, den Teegeniesser überaus schätzen. Mit einer Zitronenscheibe kann man den Tee im Sommer zur Erfrischung für gross und klein auch als kühlen Drink im Freien servieren.

Der A. Vogel Tip
Frauen schätzen den Tee aus den purpurfarbenen Blüten der Monarde, weil er bei unregelmässigen und schmerzhaften Menstruationen hilft und Unterleibskrämpfe löst. Auch bei Blähungen und Brechreiz tragen ein paar Schlucke **Monardentee** zur Beruhigung bei. In diesem Fall mischt man 1 TL Goldmelisse am besten mit 1–2 Kamillenblütenköpfchen pro Tasse Tee.

Goldmelisse in Küche und Garten

Die amerikanische Verwandte der Zitronenmelisse kam erst Mitte des 18. Jahrhunderts
nach Europa. Die grossen europäischen
Kräutergelehrten wussten bis dahin freilich
wenig über diese Pflanze, weswegen sie in
der Literatur kaum in Erscheinung tritt. Ihre
Bedeutung als Heilpflanze hält sich in Grenzen; sie beschränkt sich bislang auf die Verwendung als Tee bei Unterleibskrämpfen und
Husten sowie zur unspezifischen Förderung
der Verdauung. Wer die bis zu einem Meter
hohe Staude im Garten anpflanzt, kann sich
über die Blütenpracht freuen und damit Salate und Obstsalate verzieren. Aus den Blüten
und Blättern lassen sich süffige Eistees,
Limonaden, Weinbowlen und ein sehr wohl-
schmeckender Sirup bereiten.

Goldmelisse im Garten

Die Goldmelisse stellt im
Garten wenig Ansprüche.
Auf feuchtem, humusreichem
Boden, mit genügend Sonne
und einem Abstand von ca.
40 cm zwischen den einzel-
nen Pflanzen schiessen die
«Federbüsche» der Indianer-
nesseln schon im zweiten
Jahr kräftig in die Höhe. Vorausgesetzt: Keine Minzenart
befindet sich in unmittelbarer
Nähe, denn Goldmelissen
und Minzen vertragen sich
schlecht.

Und noch ein Haken ist
an der Sache: Wenn man die
Goldmelisse nicht alle drei
Jahre versetzt, geht sie ein.
Möglicherweise der Grund,
warum diese schöne Pflanze
relativ selten anzutreffen ist.

Nur die Monarda didyma
ist als Heil- und Würzpflanze
wertvoll. Die verschiedenen
Zuchtformen der Monarda
beschränken sich auf Schönheit und angenehmen Duft.

Sommersträusse und -düfte

Die schönen, roten Blüten
der Goldmelisse eignen
sich sowohl frisch, als auch
getrocknet für herrliche
Sommersträusse. Blüten und
Blätter in Duftschalen verbreiten frische Sommerdüfte,
die entfernt an Thymian und
Bergamotte erinnern.

Goldmelisse on the rocks

*2 EL frische Goldmelissen-
blüten*
1 l Wasser
4 Orangenscheiben
Eiswürfel
10 Zitronenmelisseblätter
Blüten mit kochendem Was-
ser übergiessen, nach 10 Min.
in einen Krug abseihen und
kaltstellen. Mit Eiswürfeln,
Orangenscheiben und ein
paar frischen Zitronenmelis-
seblättern servieren.

Goldmelissensirup

*100 g frische Goldmelissen-
blätter*
*oder 10 g frische Gold-
melissenblüten*
1 Liter Wasser
40 g Zitronensäure
500 g Birnendicksaft
Goldmelisse mit siedendem
Wasser übergiessen und
24 Stunden ziehen lassen.
Danach abseihen, Zitronensäure und Birnendicksaft im
Melissenabsud auflösen, gut
durchrühren und in Flaschen
abfüllen. Kühl aufbewahren.
Ein ausgezeichneter Durstlöscher!

Goldrute

Die beiden deutschen Namen der Goldrute, Heidnisch Wundkraut und St. Petersstabkraut, widerspiegeln ein Stück abendländische Geschichte. Solidago virgaurea, wie der Korbblütler auf lateinisch heisst, wurde von den heidnischen Germanen als Zauberkraut verehrt und im späten Mittelalter mit einem neuen, christlichen Namen versehen – der sich aber nie durchsetzen konnte. Das ist kein Wunder. Der Ausdruck Goldrute passt ja auch viel besser zu dieser goldgelben Blütenpracht, die bis zu einem Meter gross wird. Sie wächst auf feuchten Wiesen, auf Schutthalden und an Wegrändern. Man erntet die oberirdischen Teile der blühenden Pflanze von August bis Oktober und trocknet sie im Schatten für die Teezubereitung.

Solidago virgaurea ▶ lat. solidare: befestigen; virgaurea, lat. virga: Rute; lat. aurea: goldig.
Die goldenen Blüten haben der Pflanze den deutschen Namen Goldrute gegeben.

Der A. Vogel Tip 1
Nephrosolid N (in D: **Nieren-Tropfen N**) enthält Auszüge aus Goldrute, Birkenblättern, Hauhechel und Schachtelhalm. Sie regen die Harnausscheidung an und lindern Schmerzen im Bereich der Blase und Harnröhre, mit häufigem Wasserlösen, Harndrang und Brennen.
Die leicht harntreibende Tinktur **Solidago virgaurea Ø** (in D: **Goldruten-Tropfen**) unterstützt auch die Behandlung von Blasensteinen und Nierengriess.

Gut für Nieren und Blase

Die Goldrute ist eine der besten Heilpflanzen bei akuten Nieren-Blasen-Leiden, die es in der einheimischen Pflanzenwelt gibt. Goldruten-Präparate werden bei Entzündungen der Nieren und Harnwege, bei Wasseransammlungen im Gewebe, Nierengriess (die Vorstufe von Nierenstein) sowie Rheuma, Gicht und Hautunreinheiten eingesetzt.

Bei ernsthaften Nieren- und Blasenerkrankungen ist es unumgänglich, den Arzt zu konsultieren. Und immer daran denken, dass man bei Problemen mit der Blase, Harnröhre und/ oder den Nieren viel trinken muss, damit die Krankheitserreger aus den Harnwegen gespült werden.

Goldrute in der Hausapotheke

Neben einem ätherischen Öl enthält die Goldrute Flavonoide, Saponine, Gerb- und Bitterstoffe und verschiedene Säuren. Diesen Inhaltsstoffen verdankt die Goldrute ihre harntreibende, entgiftende und entzündungshemmende Wirkung. In der traditionellen wie auch in der modernen Pflanzenheilkunde gehört Solidago zu den Mitteln ersten Ranges bei Nieren-Blasenleiden und Harnwegsinfektionen. Das frische bzw. getrocknete Kraut wird vor allem für die Herstellung von Tees, Tinkturen und Medizinalweinen (letztere heute eher selten) verwendet.

In der Naturheilkunde benützt man den Teeaufguss desweiteren für Kompressen, Umschläge und als Gurgelwasser. Solidago galt in früherer Zeit nicht nur als «Kraut wider den Stein und das Nierenwehe, … (das) nicht allein den Gries und den Sand, sondern auch den Stein selbst zermahle und denselbigen auch zugleich ausführe» (Tabernaemontanus), sondern auch als ausgezeichnetes «Wundkraut», das frisch und zerquetscht oder getrocknet und pulverisiert auf eitrige Wunden gelegt wird. Weitere volksmedizinische Anwendungsgebiete sind Rheuma und Gicht.

Goldruten-Tinktur

1 Woche lang die *frische Pflanze* in *Alkohol (90%)* zu gleichen Teilen ziehen lassen. Danach abfiltern und in eine Tropfenzählflasche füllen. Bei Nieren-Blasen-Beschwerden und zur Anregung der Nierentätigkeit 3mal täglich 20 Tropfen in etwas Flüssigkeit einnehmen.

Der A. Vogel Tip 2
Die im **A. Vogel-Nierentee** (in D: **Nieren- und Blasentee**) kombinierten Kräuter (Riesengoldrute, Birkenblätter, Vogelknöterich, Schachtelhalm und Feldstiefmütterchen) regen die Nierentätigkeit an, wirken harntreibend und werden zur Durchspülung der Harnwege bei Reizzuständen und Schmerzen der Blase und Harnröhre angewendet. Wenn Sie Brennen beim Wasserlassen und verstärkten Harndrang verspüren, sollten Sie sofort mit einer Teetherapie beginnen.

Goldrutentee

2 TL getrocknetes Goldrutenkraut (Blätter und Blüten) mit *1 Tasse kochendem Wasser* übergiessen und 10 Min. ziehen lassen.

Zum Durchspülen der Harnwege bei Entzündungen im Bereich von Niere und Blase 2–4mal täglich 1 Tasse zwischen den Mahlzeiten trinken.

Wichtig: Ernsthafte Nierenprobleme gehören in ärztliche Behandlung!

Mundspülung

Bei Mundsoor, Wunden und Entzündungen in der Mund- und Rachenhöhle werden in der volkstümlichen Medizin Mundspülungen mit lauwarmem Goldrutenaufguss (siehe Teezubereitung) angewendet.

Goldrute bei Tieren

Auch bei Tieren, die an den Nieren bzw. der Blase leiden, hilft die Goldrute. Man kann sie als Tinktur oder Tee verabreichen oder das ganze, frische Kraut zerquetscht als Beilage unters Futter mischen.

Hirtentäschel

*A*uch wenn es auf den ersten und vielleicht sogar auf den zweiten Blick wie eines aussieht – ein Unkraut ist das Hirtentäschel nicht. Es wächst auf Äckern, in Gärten, an Mauern, zwischen Pflastersteinen und an Wegrändern, ist sehr anspruchslos und stellt sich freundlich auf den Standpunkt, dass Geben seliger sei denn Nehmen. Das Hirtentäschel, auch Gänsekresse, Blutkraut, Bauernsenf, Schneider- und Geldbeutel genannt, gehört zur Familie der Kreuzblütler, den Cruciferae, und kann fast das ganze Jahr über geerntet werden. Seine von März bis November blütentragenden Triebe mit den herzförmigen Samenkapseln enthalten die Wirkstoffe, für die es sich lohnt, dass nicht nur Hirten das «Täschchen» öffnen, um die unscheinbare Pflanze zu ihrem Wohle einzusammeln (bevorzugt von Mai bis September).

Capsella bursa pastoris ▶ lat. capsula: Kapsel; bursa: Börse; pastor: Hirte. Der Name bezieht sich auf die kleinen Früchte, die den Ledertaschen früherer Hirten ähneln.

Blutstillender Geburtshelfer

Das schlanke, etwa 40 Zentimeter hohe Hirtentäschel besitzt eine Reihe von wertvollen Inhaltsstoffen. Die neuere Forschung hat Aminosäuren, Acetylcholin, Histamine, Triterpene, Flavonoide, Vitamin C und andere Stoffe identifiziert und ihre das Gewebe zusammenziehende, blutstillende Wirkung wissenschaftlich belegen können. Die schon von Hippokrates hoch geschätzte Bedeutung als Frauenkraut lässt man heute weitgehend ausser acht. Insbesondere bei Menstruationsstörungen und in der Geburtshilfe kam Hirtentäschel zum Zug. Da es vor der Geburt die Wehen auslösen kann, sollten Schwangere das Kraut auf keinen Fall zu früh bzw. in Eigenregie einnehmen; nach der Geburt hilft es, die Blutungen zu stillen. Was grundsätzlich bei der Selbstbehandlung mit Heilpflanzen gilt, gilt auch hier in punkto (Monats-) Blutungen: wenn die Beschwerden resp. Blutungen länger andauern bzw. stark sind, ist auf jeden Fall ärztlicher Rat einzuholen.

Hirtentäschel in der Heilkunde

Wenn es um das Stillen von Blutungen geht, dann ist das Hirtentäschel das Mittel der Wahl. Es ist vor allem bekannt als «Frauenkraut» bei Menstruationsbeschwerden, wo beispielsweise bei zu starker und zu langer Blutung täglich 3 x 20 Tropfen Hirtentäschel-Tinktur oder der Tee Abhilfe verschaffen. Je nach Beschwerden sind die Anwendungsformen unterschiedlich: Der «Schnupftabak», das eingeschnupfte Pulver, stillt Nasenbluten, das frisch zerquetschte, in Essig gelegte Kraut soll bei entzündlichen Geschwüren helfen, das Klistier mit dem Absud ein Mittel gegen blutende Hämorrhoiden sein und eine kurzfristige Teekur die Wehen fördern und die Geburt beschleunigen. Frisch zerquetscht oder als Wickel und Breiumschlag leistet die Pflanze erste Hilfe bei blutenden Wunden. Und ihre Sprossteile sind als Salat oder Wildgemüse essbar.

Haben Sie einen Vogel?

Wenn ja, gönnen Sie Ihrem Wellensittich, Prachtfinken, Papagei, Stieglitz, Zeisig, Gimpel oder Kardinal einen Hirtentäschelstengel zum Knabbern. Er wird seine Freude daran haben, denn das Kraut ist eine Delikatesse für jeden Stubenvogel.

Der A. Vogel Tip
Bei Menstruationsbeschwerden hilft die Natur mit einer ganzen Reihe von Pflanzen. Das homöopathische Komplexmittel **Menstruasan** Tabletten (nur in CH) stellt eine hervorragende Alternative zu Hirtentäschel-Produkten dar. Es besteht aus den Hauptwirkstoffen verschiedener altbewährter Frauen-Heilpflanzen und hilft bei krampfartiger und zu starker Monatsblutung, Unwohlsein, Spannungsgefühl in den Brüsten, prämenstruellem Syndrom, Reizbarkeit und leichter depressiver Verstimmung.

Zahnfleisch- und Nasenbluten

1 EL Hirtentäschel-Presssaft (aus der Apotheke oder Drogerie) in *1 Tasse kochendes Wasser* geben, Wattebausch oder Wattestäbchen darin eintauchen und vorsichtig die Nasenflügel von innen oder die betroffene Zahnfleischstelle damit betupfen.

Variante: Wattestäbchen in Hirtentäschel-Tinktur tauchen und wie oben verwenden.

Hirtentäschel wird in der Literatur auch bei **Hämorrhoiden** gelobt. Der Versuch könnte lohnenswert sein, mit einem solchen getränkten Wattebausch die Hämorrhoiden zu betupfen. (In Hämorrhoiden-Teemischungen oder -Tinkturen ist Hirtentäschel ohnehin häufig enthalten.)

«Monatstee»

50 g Hirtentäschelkraut
40 g Gänsefingerkraut
10 g Pestwurz
Pro Tasse Tee *1 TL der Kräutermischung* in entsprechender Menge Wasser einige Min. leicht kochen, 5 Min. ziehen lassen, abseihen. 2-3 Tassen über den Tag verteilt in kleinen Schlucken trinken. Bei starken Monatsblutungen am besten ein paar Tage vor der Menstruation beginnen.

Hirtentäscheltee

1-2 TL frisches, zerkleinertes Hirtentäschelkraut mit *1 Tasse kochendem Wasser* übergiessen, nach 10 Min. abseihen. 2 Tassen pro Tag zur unterstützenden Behandlung von zu langer, starker Menstruation und Myomblutungen.

Johanniskraut

Die gelben Blütensterne des Johanniskrauts stehen um den Johannistag, d.h. um den 24. Juni, zur Sommersonnenwende, in schönster Blüte. Von daher der eine Name des Krauts, andere lauten zum Beispiel: Frauenkraut, Tausendloch-, Blut- und Wundkraut, Mannskraft oder Hartheu.

Die ausdauernde Pflanze aus der Familie der Hartheugewächse ist in ganz Mitteleuropa verbreitet. Sie wird knapp einen Meter gross, wächst auf praktisch allen Böden und findet sich an vielen Weg- und Waldrändern. Die schmalen Blätter des echten Johanniskrauts sind, im Gegensatz zu einigen wilden Arten, von winzigen Drüsen fein durchbrochen, denen ätherische Öle und Harze entströmen. Zerreibt man die Blütenknospen zwischen den Fingern, geben sie einen blutroten Saft ab. In der Heilkunde gehören das frische und das getrocknete, blühende Kraut sowie die Blüten zu den seit Urzeiten bekanntesten und meistgeschätzten Helfern aus der Natur – dagegen hat es in der Küche nichts zu melden.

Hypericum perforatum ▶ gr. hyperikon, gr. hypo: unter; gr. ereike: Heide; lat. perforatum: durchlöchert, vgl. die Öldrüsen der Blätter.
Der Name bezeichnet die zwischen den Heidekräutern wachsende Pflanze.

Sonnenwendfeuer

Die Sommersonnenwende, das Solstitium, barg vor allem für die Menschen der nordischen Kulturen zu allen Zeiten etwas Geheimnisvolles und Rätselumwittertes. Längster Tag und kürzeste Nacht – für die Kelten und Germanen bedeutete dies den Sieg des Lichts über die Dunkelheit, der mit mächtigen Sonnwendfeuern gefeiert wurde. Das ursprünglich heidnische Ritual hat sich im Laufe der Geschichte an den verschiedensten Orten immer wieder neu belebt. Auch bei uns trifft man den Brauch noch an. Der Name des gemütsaufhellenden Johanniskrauts – das Symbol des Solstitiums – erinnert an die Freude über die wärmende Kraft der Sonne an diesem längsten Tag des Jahres.

Johanniskraut in der Heilkunde

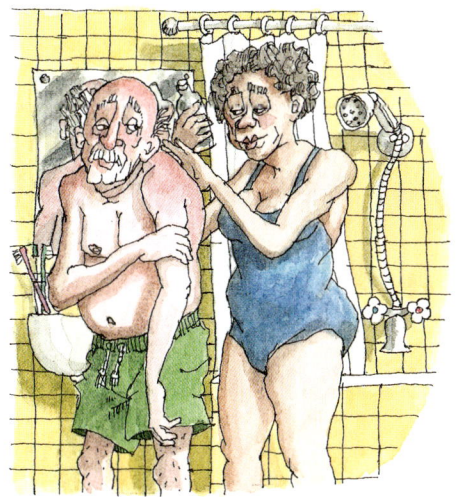

Johanniskraut ist der Lichtbringer in trüben Tagen bzw. die Heilpflanze schlechthin bei leichten bis mittelschweren Depressionen. Zahlreiche Studien der modernen Phytotherapie belegen diese Wirkung. Seine Hauptwirkkomponenten vermutet man im gelben Farbstoff Hyperin und im öllöslichen roten Farbstoff Hypericin, das die Nerven beruhigt. Aus dem getrockneten Kraut lässt sich ein «Gemütstee» aufbrühen, der leichte depressive Verstimmungen vertreibt, wenn man ihn zwei- bis dreimal täglich und regelmässig während einiger Monate trinkt. Die Annahme, dass sich bei der Einnahme von sehr grossen Mengen die Lichtempfindlichkeit der Haut bei starker Sonneneinstrahlung erhöhen würde, konnte bisher nicht nachgewiesen werden. Im Gegenteil, das schöne, dunkelrote Johannisöl ist ein heisser Tip für die sonnenverbrannte Haut!

Nervenstärkungstee

40 g Johanniskraut
20 g Baldrianwurzel
20 g Melissenblätter
20 g Rosmarinblätter
1 TL der Mischung pro Tasse mit *kochendem Wasser* übergiessen und 5-10 Min. ziehen lassen. 2mal täglich 1 Tasse frischen Tee trinken.

Johannisöl

Blüten und Blätter vom oberen Drittel der frisch geschnittenen, blühenden Pflanze abstreifen und von den Stielen trennen und lose in eine Flasche füllen. Diese mit *kaltgepresstem Oliven- oder Sonnenblumenöl* auffüllen und einige Wochen ans Licht stellen, dabei täglich 1-2mal gut schütteln. Nach 3 Wochen das blutrote Öl abpressen.

Johannisöl nimmt man zur Behandlung von Brandwunden, Hautverletzungen, Ekzemen und Flechten, die sanft betupft werden (Johannisöl ist auch fix und fertig von A.Vogel erhältlich).

Klimakteriumstee

30 g Johanniskraut
30 g Melissenblätter
10 g Hopfen
20 g Frauenmantel
10 g Schafgarbe
ergeben einen leichten, beruhigenden Tee, der Wechseljahrbeschwerden lindert. Zubereitung wie «Nervenstärkungstee».

Magentee

Je 25 g Johanniskraut, Melissen- und Pfefferminzblätter sowie Schafgarbenkraut ergeben eine wohlschmeckende, beruhigende Magenmischung. 1 TL pro Tasse wie nebenan zubereiten.

Der A. Vogel Tip
Neben Melissenkraut und Hopfenzapfen ist Johanniskraut der dritte natürliche Wirkstoff der **Hyperiforce** Gemütsverstimmungs-Tropfen (nur CH).
Bei innerer Unruhe, Ängstlichkeit, Niedergeschlagenheit, nervöser Gereiztheit und damit verbundenen Schlafstörungen kann auch die reine Johanniskraut-Tinktur **Hypericum perf. Ø** helfen.

Kapuzinerkresse

Die Entdeckung der Neuen Welt im 15. und 16. Jahrhundert konfrontierte Europa mit einer unglaublichen Vielfalt von neuen, bisher unbekannten Pflanzen. Eine davon, die die Seefahrer aus Peru mitbrachten, war die Kapuzinerkresse, ein kriechendes Pflänzchen mit dünnen, runden Stengeln, schildförmigen Blättern und leuchtend gelben bis orange-roten Blüten. Tropaeolum majus heisst die zur Familie der Kapuzinerkressengewächse, der Tropaeolacea, gehörende Pflanze. Sie liebt Böden mit viel Lehm, verlangt viel Sonne, ist sonst aber recht anspruchslos und schätzt auch einen Platz im Blumenkistchen auf dem Balkon. Von dort kann man die Blätter und Blüten der interessanten, kresseähnlich bis pfefferig schmeckenden Zier-, Heil- und Würzpflanze von Sommer bis Herbst stets frisch pflücken.

Zur Anzucht im Garten wartet man die letzten Nachtfröste im April/ Mai ab. 6 Wochen nach der Aussaat kann die feurige Südamerikanerin mit ihrer Leuchtkraft bereits farbige Akzente setzen, egal, ob an Zäunen, Laubengängen, Spalieren, Mauern, Brunnen, Baumstämmen oder Rabattenrändern.

Tropaeolum majus L. ▶ lat. tropaeum: Siegeszeichen (vgl. Trophäe); lat. majus: gross.
Der deutsche Name bezieht sich auf die Kopfbedeckung der Kapuziner.

Peruanische Feuerblume

In Peru, wo sie heimisch ist, wird die Kapuzinerkresse traditionell gegen Wundinfektionen verwendet. In Argentinien und Mexiko behandelt man mit dem Presssaft aus den frischen Blättern Hautkrankheiten und Skorbut. Auch bei uns kennt die Volksmedizin eine Reihe von Anwendungen.
Die Frischpflanze wurde und wird bei grippalen Infekten, Bronchitis und Harnwegsinfektionen, insbesondere Blasenentzündungen innerlich eingenommen.
Die antibiotische, bakterizide Wirkung der Heilpflanze, die in erster Linie auf Senfölglykoside zurückgeht, ist seit den 50er Jahren wissenschaftlich belegt. Zudem wird die Frage diskutiert, inwieweit die Pflanze das Immunsystem stimuliert bzw. stärkt.

Kapuzinerkresse in Küche und Heilkunde

Vitamin C, Schwefel, Eisen und antibiotisch wirkende Senföl-Derivate gehören zu den Inhaltsstoffen der Grossindischen Kresse, die auch Blutrote Blume aus Peru, Blumenkresse und Salatblume genannt wird. Zusammen mit dem pikanten Geschmack und ihrer Schönheit als Zierpflanze machen diese Substanzen den Wert der Kapuzinerkresse aus. In der französischen Küche werden ihre frischen Blüten, Blätter und Knospen besonders geschätzt. Findige Köche veredeln damit kalte Speisen von Salat über Kräuterbutter bis Quark oder verleihen mit der pfeffrig-würzigen Note der Blüten Suppen, Reis- und Nudelgerichten den richtigen Pfiff. Auch wenn dem Haar der Pfiff ausgeht, sprich: wenn es schütter wird oder Pflege braucht, soll die grosse Kresse helfen. Darüberhinaus gilt die Schönheit aus Peru als Liebespflanze – vielleicht deshalb, weil sie an Sommerabenden kleine, feurige Funken von sich gibt: Liebesfunken. Die gibt sie übrigens auch in einer Schale mit schwimmenden Duftkerzen ab, zwischen die man die Blüten legt.

Blütenessig für Salat und Haar

Aus den leuchtenden Blüten der Kapuzinerkresse kann man einen pikanten Essig herstellen. Er gibt **Salaten** eine «würzig-kesse» Note und kann darüberhinaus für die Pflege von schuppigem oder fettigem Haar verwendet werden.

Ein Glasgefäss mit *Blüten* bis knapp unter den Rand füllen, mit *1 l Weissweinessig* aufgiessen. 1 Woche ziehen lassen und immer wieder schütteln. Die Blüten müssen danach nicht entfernt werden.

Für die **Haarspülung** *einen Teil Essig* mit *einem Teil warmem Wasser* mischen.

Der A. Vogel Tip

Die Kapuzinerkresse sollte wegen ihrer guten Eigenschaften in keinem Garten fehlen. So kann der Genuss von frischer Kapuzinerkresse im Salat unter Umständen sogar dazu beitragen, dass sich viele Bakterien, Viren und auch Hefepilze der Candida-Gruppe gar nicht erst entfalten können. Die Tinktur und der frische Presssaft der Kapuzinerkresse können den gleichen Effekt erzielen.

Capucines confits

500 g Kapuzinerkresseblüten und grüne Knospen
100 g Meersalz oder Trocomare
10 kleine weisse Zwiebelchen
2 Gewürznelken
5 g Ingwer, gemahlen
1 Lorbeerblatt
12 weisse Pfefferkörner
½ l Weissweinessig

Kresseblüten und -knospen in eine Terrine geben, Meersalz darüberstreuen, umrühren und 4 Tage marinieren lassen. Abtropfen lassen und ein Einmachglas (Weckglas) damit zu ³/₄ füllen. Geschälte Zwiebeln und alle Gewürze dazugeben, mit Essig aufgiessen. Gut verschlossen mindestens 2 Monate an einem kühlen Ort stehen lassen. Eingelegte Kresseblüten schmecken wie Kapern – oder noch besser.

Kümmel

*D*er Wiesenkümmel oder Kümmel ist in Europa, Nordafrika und Asien weit verbreitet und wächst wild auf Wiesen mit lehmigen, kalkhaltigen Böden, an Wegrändern und in Gräben. Er reckt sich fast einen Meter in die Höhe und besitzt die charakteristischen Fiederblätter seiner Familie, der Doldenblütler (Umbelliferae). Man erkennt ihn leicht an seinem «Kümmelkreuz», den kreuzweise gestellten Blättern. Sein wärmebedürftiger Verwandter, der Kreuzkümmel, wird ebenfalls als Gewürz, vor allem im asiatischen Raum und in Nordafrika, verwendet.

Die Früchte des Kümmels, die in zwei gerippte, sichelförmige Samen auseinanderfallen, erntet man im Juli und August kurz vor der Vollreife, wenn ihr Gehalt an ätherischen Ölen am höchsten ist. Dabei schneidet man die Dolden mit Stiel ab, bündelt sie und hängt sie zum Trocknen an einen luftigen Ort. Um die abfallenden Früchte aufzufangen, sollte man ein Tablett darunter stellen. Wie viele andere Gewürzpflanzen wird Kümmel in Kulturen angebaut, besonders in Holland, Ostdeutschland und Polen.

Carum carvi ˌ aus dem arab. karwija oder ahd. karvey.
Das dt. Wort Kümmel stammt aus dem lat. cuminum, das wiederum ein Lehnwort aus dem hebr. kammon ist.

Gourmets & Geizhälse

Schon bei den alten Ägyptern und entlang der sagenumwobenen Seidenstrasse standen die kleinen Kümmelfrüchte hoch im Kurs. Der Kümmel fand durch die Jahrtausende das hohe Lob vieler Feinschmecker in Asien, Europa und der arabischen Welt – aber auch das tiefe Brummen von Geizhälsen. Kein Wunder, letztere wurden nämlich, wenn sie Gästen gegenüber mit dem Gewürz knauserten, «Kümmelspalter» genannt – ein Ausdruck, der sich bis in unsere Tage mehr oder weniger erhalten hat. Zusammen mit Anis, Fenchel und Koriander gehört Kümmel zu den krampflösenden und verdauungsfördernden Magen-Darmmitteln.

Kümmel in Küche und Hausapotheke

Die Früchte des Kümmels sind ein sehr wirksames Mittel gegen Blähungen und Völlegefühl und werden (bei Koliken, Blähungen und Magen-Darmkrämpfen) auch in der Tierheilkunde eingesetzt. Man verwendet sie vor allem als Tee, Tinktur und Pulver. Ein paar Tropfen ätherische Essenz in einem Teelöffel Wasser genügen, um die Verdauung in Gang zu bringen. Desweiteren findet das Kraut als Mundspülung und Gurgelwasser zur Geschmacksverbesserung und in der Parfüm-, Seifen- und Branntweinherstellung (Magenschnäpse) Verwendung.

In der Küche gehört der Kümmel zu den «Urkräutern», derer man sich seit jeher bedient. Am bekanntesten sind Kümmelbrot, -semmeln, -kartoffeln und -käse sowie Bohnen-, Zwiebel-, Kohl- und Krautgerichte und gebratene oder sauer eingelegte Pilze mit «Chümi». Und das hat seinen Grund: Er wirkt bei blähenden, fetten, schweren Gerichten als Verdauungshelfer, vorausgesetzt, man zerstösst bzw. quetscht die Samen vor dem Gebrauch, da sich sonst ihre Wirkstoffe nicht voll entfalten.

Harissa

50 g getrocknete, rote Chilis
2 Knoblauchzehen
½ TL Meersalz
1 TL Kümmelsamen
1½ TL gemahlener Kreuzkümmel
2 TL Koriandersamen
1 TL getrocknete, zerriebene Pfefferminzblätter
2-3 EL kaltgepresstes Olivenöl
Kleingehackte Chilis 20 Min. in warmem Wasser einweichen, abtropfen lassen und mit Knoblauch und Salz im Mörser zerreiben. Die Gewürze dazugeben und zu einer Paste zerstossen und zerreiben. 2 EL Olivenöl einrühren, in ein Glas füllen, mit einem Schuss Olivenöl bedecken und verschliessen. Im Kühlschrank 6 Wochen haltbar.

Diese feurige Würzpaste ist weit über die Grenzen ihrer tunesischen Heimat hinaus bekannt. Sie wird in winzigen Mengen zu Couscous, Gemüseeintöpfen, Tomatengerichten, Fischtöpfen und diversen exotischen Häppchen, ähnlich wie Sambal, gereicht.

Kümmeltee

Je 1 TL zerstossene Kümmel-und Fenchelsamen mit *1 Tasse kochendem Wasser* übergiessen, 10 Min. zugedeckt ziehen lassen, abseihen. Nach dem Essen in kleinen Schlucken trinken.

Kümmeltee ist ein zuverlässiges Mittel gegen nervöse, krampfartige Magen- und Darmbeschwerden. Wenn Stress die Ursache ist, bereitet man eine Tasse Tee aus *1 TL Kümmel und 1 TL Pfefferminze oder Melisse* auf dieselbe Art zu.

Bei Verdauungsbeschwerden von Säuglingen ist *1 TL Kümmeltee* ausreichend, den man ins Fläschchen oder in den Brei gibt.

Kümmelmilch

2 Prisen Kümmelpulver in *1 Tasse Milch* geben, erhitzen, abseihen und bei Blähungen warm trinken.

Der A. Vogel Tip
Bei Menstruations- und Magenkrämpfen sowie zur Anregung der Milchbildung bei stillenden Frauen vermischt man 1 Teil 10%iges ätherisches Kümmelöl mit 9 Teilen Olivenöl und massiert Brust, Unterleib oder Oberbauch damit ein. Wenn Säuglinge und Kleinkinder von Blähungen und Magenkrämpfen geplagt werden, mischt man 3%iges Kümmelöl ebenfalls im Verhältnis 1:9 mit Oliven- oder Jojobaöl für die Massage.

Lavendel

Der Lavendel ist auf dem steinig-trockenen Hügelgelände des nördlichen Mittelmeergebiets zu Hause. In Südfrankreich verströmen die silbrig-blauen, dichten Büsche des Halbstrauchs ihren betörenden Duft. Je nach Gegend steigt er gleich in ganzen Wolken von den grossen Anbaufeldern der Parfümhersteller auf und verwandelt die Landschaft in einen Lavendeltraum. Lavandula angustifolia heisst der echte Lavendel, der zur Familie der Lippenblütler (Lamiaceae) gehört. Mit genügend Sonne wächst er auch bei uns und wird bis zu einem Meter gross. Von allen Lavendelarten liefert er das beste ätherische Öl. Man erntet die Blüten, die Blätter sowie die ganzen Zweige im Juli und August.

Lavandula angustifolia ▶ lat. lavare: waschen; lat. angustifolia, schmalblättrig. Das deutsche Wort Lavendel ist aus dem Lateinischen entlehnt.

Der Star unter den Aromaölen

Lavendelöl ist zusammen mit den Rosenölen das gebräuchlichste und vielseitigste Aromaöl, nicht zuletzt weil bislang keine allergischen Reaktionen aufgetreten sind. Man kann es sogar direkt auf die Haut auftragen, ohne dass es zu Reizungen kommt. Zudem mischt es sich sehr gut mit anderen Ölen, insbesondere mit Zitrus- und Blütenölen. Im Hausgebrauch wird Lavendelöl bei Wunden, leichten Brandwunden, Insektenstichen, Atemwegsinfektionen, Bauchkrämpfen, Verdauungsstörungen, Migräne, Kopfschmerzen, Schlaflosigkeit, Niedergeschlagenheit u.v.m. eingesetzt. In der Kosmetikindustrie verwendet man es als Duftstoff, die Nahrungsmittelindustrie nützt es als Geschmacksstoff.

Potpourris
nennt man die ursprünglich aus England kommenden, dekorativen Duftmischungen aus Blüten, Blättern, Früchten und Hölzern, die mit ätherischen Ölen aromatisiert werden. Man gibt getrocknete Kräuter in ein gut verschliessbares Glasgefäss, träufelt ein paar Tropfen ätherischer Öle und ein Fixativ (häufig Veilchenwurzelpulver) darüber, mischt das Ganze vorsichtig durch und lässt es ca. 4 Wochen an einem warmen, trockenen, dunklen Platz ziehen.
Mit jeder Duftpflanze, die man hinzugibt, kann man eine neue «Geruchsmelodie» anstimmen.

Lavendel in Küche, Kosmetik und Haushalt

Schon in der Antike war der Lavendel als Heil-, Duft- und Genusspflanze ein Begriff. Solange feine Düfte Signale an unser Gehirn weitergeben, wird sich wohl niemand seinem betörenden Aroma entziehen können. Und so gehört der Lavendel in Schaum- und Ölbädern, Seifen, Kosmetika, Teemischungen, Potpourris, Kräuterkissen, Massageölen und vielem mehr heute wie früher zum festen Bestandteil der meisten Haushalte. Auch in der Küche, vor allem natürlich in der provenzalischen, kommen die Blüten und Blätter zum Einsatz, sei es fein dosiert zum Würzen von Fisch, Lamm, Wild, Geflügel, Suppen und Saucen oder in fantasievollen Süssspeisen, wie zum Beispiel in Lavendelkeksen, Lavendelparfait, Lavendeleis usw. Vom Geschmack her erinnert Lavendel am ehesten an Rosmarin.

Lavande à la Niçoise

2 EL Rotweinessig
2 Prisen Salz
6 EL kaltgepresstes Olivenöl
1 zerpresste Knoblauchzehe
1 Prise schwarzer Pfeffer
1 TL frische (oder 1/2 TL getrocknete) Lavendelblüten
½ EL frische Estragonblätter, kleingeschnitten zu einer Vinaigrette verrühren und über klein geschnittene *Tomaten, Gurken, rote Paprika* und *gekochte Eier, ganze schwarze Oliven, Zwiebelringe* und *dicke Bohnen* geben. In ³/₄-aufgeschnittene *Pittabrote* füllen, und 1 Stunde im Kühlen ziehen lassen. Ein erfrischender Sommersnack!

Elisabethanisches Potpourri

4 EL Lavendelblüten
4 EL Zitronenkraut
2 EL Bärentraubenblätter
2 EL Ritterspornblüten
1 EL Veilchenblüten
1 EL Malvenblüten
2 EL Rosenholzspäne
2 EL Veilchenwurzel (Pulver)
1 TL Lavendelöl
Herstellung siehe linke Seite!

Lavendelbad

1 Handvoll getrockneter bzw. 1-2 Handvoll frischer Lavendelblüten mit 1 l kochendem Wasser überbrühen, 5–10 Min. ziehen lassen, abseihen und ins Badewasser geben.

Bettlägerige, die kein Bad nehmen können, können sich mit Lavendelwasser waschen lassen. Die Wirkung ist fast genauso entspannend und beruhigend wie die eines Vollbads.

Nicht von ungefähr leitet sich der Name Lavendel von lat. lavare = waschen ab. Schon die Römer haben Lavendelbäder sehr geschätzt und Lavendelöl und -wasser auch zum Auswaschen von Wunden verwendet.

Lavendelblüten-Tee

1-2 TL getrocknete Lavendelblüten mit 1 Tasse kochendem Wasser übergiessen, 5-10 Min. ziehen lassen, abseihen.

Bei Blähungen, Unruhezuständen, nervösen Magen- und Darmbeschwerden 3–4 Tassen täglich trinken. Manche empfehlen dies auch bei nervösen Kopfschmerzen.

Lavendel wird gern mit Kamille oder Melisse kombiniert und ist in vielen Kräuterteemischungen enthalten.

Eau de Lavande

Ein neutrales Eau de Cologne kann man mit ätherischem Lavendelöl «veredeln».
Pro *100 ml Kölnisch Wasser* ca. *5-7 Tropfen ätherisches Lavendelöl* hinzufügen.

Lein

*L*ein oder Flachs gehört zu den ältesten Kulturpflanzen der Welt. Hinweise auf den Lein-Anbau gibt es aus allen Epochen. Die Pflanze kommt heute nicht mehr wild vor, sondern wird in Kulturen gepflanzt und für die vielfältigsten Verwendungszwecke, z.B. die Herstellung von Farben, Lacken oder Bodenbelägen (Linoleum!), genutzt. Aus Lein- oder Flachsfasern werden die unterschiedlichsten Stoffe gefertigt, von Drillich und Zwillich über Batist bis zum Lein- und Segeltuch, und aus Leinenlumpen macht man die besten Papiersorten. Heute ist der Naturstoff wieder gross in Mode und als Nahrungs- wie als Heilmittel so aktuell wie eh und je.

Aus den fünf blass-blauen Blütenblättern entwickeln sich die Kapseln mit den bis zu zehn braun glänzenden Samen, die jedem, der unter chronischer Darmträgheit leidet, ein Begriff sind. Man sammelt sie im August/September.

Linum usitatissimum ▶ lat. linum, von gr. linon; Wortwurzel «li»: «bläulich», «bleifarben»; lat. usitatissimum: sehr gebräuchlich

Leinsamen bei Verstopfung

Hauptursache von Verstopfungen sind ein Mangel an Ballaststoffen und eine unausgewogene Ernährung. Die in den Leinsamen enthaltenen Schleimstoffe sowie der hohe Anteil an Öl sind die besten Mittel gegen Verstopfung und Durchfall. Sie machen den Speisebrei gleitfähig, weich und zugleich konsistent. Dadurch, dass die ballaststoffreichen Samen im Darm aufquellen, regen sie die Darmtätigkeit (Peristaltik) an.

Der A. Vogel Tip:
Linoforce ist ein pflanzliches Darmregulans auf der Basis von Leinsamen, Sennesblättern und Faulbaumrinde. Es hilft bei Verstopfung, Darmträgheit und verhärtetem Stuhl und regt die Darmtätigkeit an. Kein Abführmittel sollte übrigens auf Dauer angewendet werden, da sich der Darm daran gewöhnt.

Lein in Küche, Kosmetik und Heilkunde

Lein, die blaue Blume der Romantik, ist eine der wichtigsten Nutzpflanzen überhaupt. Für die Heilkunde sind nicht die Fasern der über einen Meter hohen Pflanze interessant, sondern die länglichen, eiförmigen Samen, die man ganz, geschrotet oder gemahlen verwendet. Da sie schnell ranzig werden, sollte man sie erst kurz vor dem Gebrauch verarbeiten. Leinsamen sind eines der besten natürlichen «Schmiermittel» für den Darm. Auch äusserlich, als Öl, Wickel oder Kompresse, besitzt der Flachs eine lange Tradition. Warme Breiumschläge fördern den Heilungsprozess bei Entzündungen, z.B. in der Kiefer- und Nasennebenhöhle. Heil- und Nahrungsmittel zugleich sind die Leinsamen, wenn man sie frisch gemahlen über Quark, Müesli oder Salate streut. Das Leinöl schliesslich, das durch Pressung oder Extraktion aus den Samen gewonnen wird, ist ein äusserst hochwertiges, dünnflüssiges Öl, das einen viel höheren Anteil an ungesättigten Fettsäuren besitzt als beispielsweise Sonnenblumen- oder Maiskeimöl.

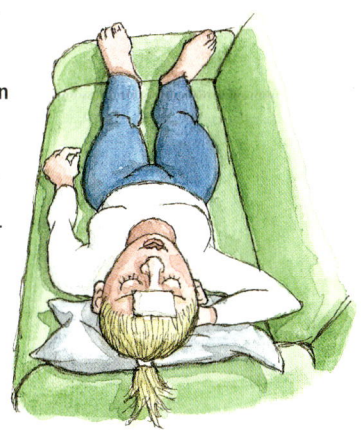

Leinsamen-Kompressen

Ein sehr gutes Hausmittel bei Nasennebenhöhlen-, Stirn- und Kieferhöhlenentzündung, Bronchitis, Husten und oberflächlichen Furunkeln sind Leinsamenkompressen.

150 g gemahlene Leinsamen ergeben *4 Kompressen.* Leinsamen mit *kaltem Wasser* im Verhältnis 1:2 verrühren und zum Kochen bringen. Den heissen Brei fingerdick auf ein Gazetuch streichen, die Ränder so umlegen, dass ein Päckchen entsteht.

Die Kompresse mit der Unterseite so warm wie möglich auf die betroffene, schmerzhafte Stelle legen. Sobald sie auskühlt, eine neue, warme* Kompresse auflegen. Diesen Vorgang sollte man 3-4mal wiederholen und sich dabei keiner Zugluft aussetzen.

* Die Kompressen hält man zwischen 2 Wärmflaschen oder in einem Sieb über heissem Wasserdampf warm.

Muntermacher

Müeslis am Morgen sind die besten Muntermacher. Besser als gekauft, ist frisch und selbstgemacht, z.B. mit:
1 EL Rosinen
je 1 EL gehackte (Trocken-) Pflaumen und Aprikosen
1 geraspelter Apfel
3 EL Haferflocken
1 EL Leinsamen
4 EL Dickmilch (mager)
100 ml Buttermilch
Trockene Zutaten mischen, Dickmilch darübergeben, ziehen lassen und zuletzt Buttermilch unterrühren. Für eine ausreichende Ballaststoff-Versorgung ist dann gesorgt! Für Eilige ist das fertige Vollwert-Müesli von A.Vogel (mit Weizen, Hafer, Hirse, Naturreis, Mandeln, Sultaninen, Durian und Apfelflocken) eine gute Alternative. Leinsamen, Joghurt oder Milch dazugeben.

Leinsamenmaske

2-3 EL zerquetschte Leinsamen mit *4-5 EL heissem Wasser* zu einem Brei verrühren und auf das Gesicht auftragen. 20 Min. einwirken lassen. Reinigt und pflegt fettige Haut.

Leinsamen-Schleim

2 TL Leinsamen abends in *1 Tasse Wasser* einlegen. Am Morgen entweder Wasser und Samen auf nüchternen Magen einnehmen oder nur das Wasser trinken und die aufgequollenen Samen in ein Müesli mischen.

Wirkt als mildes Abführmittel und hilft bei Magenschleimhaut-Katarrh.

Malve

*D*as Käslikraut ist in Deutschland eine Pappel. Und zwar eine Käsepappel. Am Namen Käse sind ihre wie Käselaibe aussehenden Früchte schuld und an der Pappel wohl die Grösse des Käslikrauts. Eine weitere Bezeichnung – Blaumalve – verdankt sie mit Sicherheit dem blau-violett färbenden Farbstoff ihrer Blütenblätter, dem Malvin.

Die Wilde Malve, Malva sylvestris, ist in Mitteleuropa sehr verbreitet und wächst wild an Öd- und Schuttplätzen, an Wegrändern und auf Äckern. Sie wird gut 120 cm gross, während ihre kleinere Verwandte, die Malva neglecta, höchstens 50 cm erreicht. Die zu den Malvengewächsen gehörende wilde Pflanze gedeiht auch im Garten prächtig und ist sehr anspruchslos. Sie blüht von Juni bis September. Man erntet die Blüten und Blätter bzw. das ganze blühende Kraut.

Malva sylvestris ▶ Malva, hebr. malluah: salatähnliches Gemüse; silvestris, von lat. silva: Wald.

Sanft, aber wohltuend

Die in Pastellfarben gehüllten Malven gelten seit der Antike als Symbol für Sanftheit und Milde und als äusserlich wie innerlich anzuwendendes Heilmittel. Hauptwirkstoff der Malven ist der hohe Anteil an Pflanzenschleim, der eine lindernde Wirkung bei Reizungen der Atemwege, Hustenreiz, Halsentzündungen und Katarrh hat.

Schleimhautentzündungen im Mund- und Rachenraum sowie Magen-Darm-Entzündungen fallen ebenfalls in ihr Terrain. Die Volksmedizin verwendet die violette Schönheit ausserdem für Kompressen und Umschläge zur Wundbehandlung.
Während sie in der modernen Medizin jedoch an Bedeutung verloren hat, hat sich die Malve

in der Kosmetik einen festen Platz erobert, besonders in Pflegelinien für die sensible und trockene Haut. Die jungen Blätter und Triebe der Malven kann man übrigens auch im Salat verwenden.

Malve in Heilkunde, Küche und Kosmetik

Sie schmeckt nach nichts und duftet nach nichts, aber sie ist schön-gesund. Besonders in Bronchial- und Hustenteemischungen entfaltet die schleimhaltige Pflanze ihre wohltuende Wirkung. Und weil sie so schön sind und so schön färben, werden die Blüten als «Schmuckdroge» gern anderen Teekräutern beigemischt. Mit dem Malvin werden auch Lebensmittel, Haare und Badezusätze gefärbt. Einige ihrer attraktiven Verwandten sind ebenfalls beliebt wie bekannt, z.B. die Stockrose, der Eibisch, das Kleine Käslikraut und die Moschusmalve, denen die Volksheilkunde allesamt eine ähnliche Wirkung bei Halsentzündung und Husten nachsagt. Aus den fleischigen Blütenkelchen des Hibiscus, der exotischen Schwester der Wilden Malve, wird ein säuerlich schmeckender Tee hergestellt.

Farbenspiele

Aquamarinbad:
2 Handvoll getrocknete, violette Malvenblütenblätter in ein Leinensäckchen geben, zuknoten, in heisses Badewasser legen und zum Schluss *200 g Meersalz* dazugeben; ergibt ein herrliches Aquamarinblau.
Achtung: Salzbäder strengen den Kreislauf an und trocknen die Haut etwas aus.

Haarspülung:
2 TL violette Blütenblätter in *1 Tasse kaltem Wasser* einlegen, bis sich der Farbstoff gelöst hat. Abseihen und zuerst an einer Haarsträhne den recht intensiven violetten Farbton ausprobieren. Die Spülung festigt das Haar und verleiht ergrautem Haar wieder Eleganz.

Malven-Lavendel-Maske

1 EL Malvenblüten
1 EL Lavendelblüten
2-3 EL Quark
ein paar Tropfen Mandelöl
Die getrockneten Blüten mit *1 Tasse kochendem Wasser* übergiessen und 5-10 Min. ziehen lassen, abseihen. 2 EL des Aufgusses mit dem Quark und Mandelöl verrühren. Die Packung auf die Haut auftragen, nach 20 Min. Einwirkzeit mit dem restlichen lauwarmen Aufguss abspülen.
Die Maske wirkt auf spröde, trockene Haut glättend, reizlindernd und erfrischend.

Malventee

2 TL Malvenblätter/-blüten mit *1 Tasse kaltem Wasser* aufsetzen, kurz aufkochen und 5 Min. ziehen lassen.
Bei Katarrhen der oberen Luftwege, Angina, Hals- und Rachenentzündung, täglich 3–4 Tassen lauwarm trinken.

Hafersuppe mit Malven

1 kleine Karotte
1 kleine Zwiebel
1 Knoblauchzehe
1-2 EL Olivenöl, kaltgepresst
50 g feiner Haferschrot
1 l Gemüsebrühe (Plantaforce)
Meersalz, weisser Pfeffer
200 g frische Gartenkresse
3 EL frische Malvenblätter und -blüten
100 g süsse Sahne (Rahm)
Karotte, Zwiebel und Knoblauchzehe fein schneiden, in Öl andünsten. Hafer dazugeben, kurz mitdünsten und mit Gemüsebrühe auffüllen. 5 Min. unter ständigem Rühren leicht köcheln und 10 Min. ausquellen lassen. Sahne, feingeschnittene Gartenkresse, Malvenblätter und -blüten dazugeben, mit Salz und Pfeffer abschmecken.

Passionsblume

Für brasilianische Medizinmänner soll der Blütensaft der Passionsblumen, so die Erzählungen portugiesischer Seefahrer, ein Heilmittel gegen Augen- und Herzleiden gewesen sein. Nach Europa kamen die ersten Angehörigen der grossen Familie der tropischen Schlingpflanzengewächse, der Passifloracea, im 17. Jahrhundert. Liebhabern exotischer Zierpflanzen haben es die südamerikanischen Kletterpflanzen mit den einzigartig kunstvollen Blüten sofort angetan. Später wurde zunächst die Homöopathie und dann im besonderen die Naturheilkunde auf die Passiflora incarnata und ihre Schwestern aufmerksam. Erst seit knapp hundert Jahren gilt sie als Heilpflanze. Die an tropisches Klima gewöhnten Passionsblumen gedeihen zum Teil auch in den gemässigten Breiten, manche Arten überwintern sogar im Freien. Die beiden wichtigsten Vertreter, Passiflora incarnata und Passiflora edulis, werden in Süd-, Mittel- und Nordamerika in Plantagen kultiviert.

Passiflora incarnata ▶ lat. passio: Leiden; lat. flos: Blume; lat. incarnatus: fleisch-geworden.
Der Name wurde von spanischen Jesuitenpatres in Südamerika geprägt, die im Aufbau der Blüte eine verblüffende Ähnlichkeit mit dem Kreuzgang Jesu Christi zu erkennen glaubten.

Ausgleichende Passion

«Phytotherapeutikum der Mitte» wird die Passionsblume von Kräuterkundigen genannt. Nicht ohne Grund: Sie vereinigt Eigenschaften in sich, die bei anderen Heilpflanzen ausgeprägter, aber auch einseitiger vorhanden sind. Zum Beispiel ist der Weissdorn das bessere Herz- und Durchblutungsmittel und der Baldrian beruhigt noch mehr. Die Passionsblume nimmt eine Mittelstellung zwischen diesen beiden bedeutenden Heilpflanzen ein und sorgt bei nervösen Unruhe- und Angstzuständen für Beruhigung und Ausgeglichenheit. Sie fördert den Schlaf, hilft bei nervösen Herzbeschwerden und verscheucht innere Unruhe und Rastlosigkeit.
Kurz: Die grosse Passion der Passionsblume heisst Harmonie und inneres Gleichgewicht.

Passiflora in Heilkunde, Küche und Garten

Mit der Passion ist das so eine Sache: Während die einen im Blütenaufbau die Leidensgeschichte Christi verehren, erliegen die anderen einer wahren Passion: Zur Zeit wird gezüchtet und gekreuzt, ausgestellt, geforscht und beschrieben, was das Zeug hält. Ob im Wohnzimmer oder Wintergarten, an der geschützten Hauswand oder im Gewächshaus, die Mühe lohnt sich, denn die Blume der Leiden und Leidenschaft überrascht mit immer wieder neuen, farbenprächtigen Hybriden. Um 500 verschiedene Arten und fast ebenso viele Kreuzungen sind heute bekannt. Die meisten Arten stammen aus Südamerika, es gibt aber auch einige asiatische, australische und polynesische Vertreter. Manche bilden essbare Früchte heraus, die in Form und Geschmack variieren, z.B. die hühnereigrossen,

braun-violetten Maracujas, die man für Multivitaminsäfte, Joghurt, Obstsalat, Eis etc. verwendet, oder die tennisballgrossen, gelborangen Granadillas, die man einfach so isst.

Schlaf- und Nerventee

30 g Passionsblumenblätter
30 g Melissenblätter
20 g Johanniskraut
10 g Lavendelblüten
10 g Hopfenzapfen

1 TL dieser Mischung mit *1 Tasse kochendem Wasser* übergiessen, 5 Min. ziehen lassen, abseihen. Eine halbe Stunde vor dem Abendessen und vor dem Zubettgehen 1 Tasse in kleinen Schlucken trinken.
    Passionsblumenkraut wird meistens mit anderen Teedrogen gemischt.

Maracujadrink

Die säuerlich-süsse, sehr aromatische Passiflora edulis liefert den *Maracujasaft,* der sich z.B. mit *Heidelbeer-* und *Grapefruitsaft* zu einem köstlichen, nervenstärkenden Drink kombinieren lässt.

Kiwi-Passionsfrucht-Sirup

500 g Kiwis, geschält
6 Passionsfrüchte
Rohrohrzucker
Passionsfrüchte halbieren, Fruchtfleisch mit den Kernen aus der Schale löffeln und mit den zerkleinerten Kiwipürieren. Fruchtbrei durch ein mit einem Mulltuch ausgelegtes Sieb tropfen lassen, Tuch ausdrücken. Den Saft *pro 150 ml* mit *225 g Zucker* verrühren, aufkochen lassen. 5 Min. köcheln, 5 Min. abkühlen lassen und in sterilisierte Flaschen abfüllen. Kühl aufbewahren.

Passiflora als Zierpflanze

Drinnen luftig, draussen geschützt, durchlässige, humose, nährstoffhaltige Erde, nicht zu feucht, vor allem keine Staunässe, sonnig und nicht zu kalt: das sind die Bedingungen, unter denen sich Passionsblumen von ihrer schönsten Seite zeigen. Im Handel gibt es die verschiedensten Arten als Samen oder Setzlinge. Winterhart sind u.a. Passiflora incarnata, P. «incense», P. caerulea, P. lutea.

Der A. Vogel Tip
Die Passionsblumenkraut-Urtinktur **Passiflora incarnata Ø** ist ein mildes Schlafmittel bei nervöser Schlaflosigkeit. Sie stärkt die Nerven, entspannt und beruhigt, auch bei Wechseljahrsbeschwerden.

Pfefferminze

V or gut 300 Jahren fielen einem Gärtner im englischen Herdfordshire der Duft und das «feinere» Aroma einer Minzenart auf, die ihm bis dahin unbekannt war. Zufall oder Vorsehung: Er war auf die Pfefferminze, eine Kreuzung der Wasser- und Grünminze, gestossen. Heute kommt die populärste aller Minzen, die zur Familie der Lippenblütler (Lamiaceae) gehören, in Gärten wie auf Fensterbänken und in Kulturen massenhaft vor. Die Mentha piperita besitzt zahlreiche Verwandte, die ihr in Sachen Aussehen, Heilpotential und aromatische Raffinesse sehr nahe stehen. Geschmacklich läuft der Bastard den «Reinrassigen» aber klar den Rang ab. Die Blätter erntet man im Juni und Juli, das ganze Kraut im Spätsommer.

Mentha piperita ▶ gr. Mintha, Minze; in der griechischen Mythologie verwandelt die Fruchtbarkeitsgöttin Persephone die Nymphe Mintha, die Geliebte des Kriegsgottes Hades, in ein süss duftendes Kraut; lat. piperitus: gepfeffert.

Der A. Vogel Tip

Eine besonders kräftige, wärmende Wirkung entfaltet die Pfefferminze in **Po-Ho-Öl** (in D: **Bi-Vo-Öl**) und **Po-Ho-Salbe N** (nur in CH erhältlich), die sich beide zum Einreiben auf Brust und Rücken bei Erkältungskrankheiten eignen. Po-Ho-Öl, das neben Pfefferminze ätherische Öle aus Eucalyptus, Wacholderbeeren, Kümmel und Fenchel enthält, kann man auch für Inhalationen verwenden.

Heilendes Menthol

Die Pfefferminze ist eines der wirkungsvollsten Naturheilmittel bei Magen-Darm-Beschwerden und Erkrankungen der Gallenblase und Gallenwege. Sie verbessert die Gallenbildung in der Leber und beeinflusst die Funktion der Bauchspeicheldrüse positiv. Neurologen an der Kieler Universitätsklinik haben jetzt bestätigt, was schon Plinius der Ältere empfahl: durch das Einreiben von Schläfen, Stirn und Nacken mit Pfefferminzöl nimmt Spannungs-Kopfschmerz ab, da das Menthol einen lokal anästhesierenden Effekt auf die Kopfmuskulatur hat und ihre Durchblutung steigert. Auch bei Muskel- und Nervenschmerzen sowie Erkältungskrankheiten sind die heilenden Öle der Pfefferminze legendär.

Minze in Heilkunde, Küche und Kosmetik

Lords und Ladies, Emire und Fellachen, Liebeshungrige, Reisekranke und Erschöpfte – sie alle lieben sie, brauchen sie, kauen sie, essen sie, legen sie auf oder trinken sie. Die Pfefferminze, kein Zweifel, gehört zu den beliebtesten aromatischen Heil- und Küchenkräutern der Welt. Sie erfrischt, kühlt und wärmt zugleich, regt an, entkrampft und hilft bei einer Vielzahl von Alltagsbeschwerden. Man verwendet sie in jeder nur erdenklichen Form für überaus vieles Gesunde, Nützliche und Wohlschmeckende, von A wie Auberginenpaste bis Z wie Zahnpasta . Was der Pfefferminze diese Ehre verschafft? Die Zuverlässigkeit ihrer Wirkung, das heisst, des Menthols. Es behält selbst in grösster Verdünnung seinen charakteristisch frischen Geschmack – und verhilft sogar der englischen Küche zu gelegentlichen kulinarischen Höhenflügen, wie zum Beispiel der berühmten Mintsauce zu Lamm, Mintkonfekt, fruchtig-rassigen Chutneys oder Apfelgelee mit frischer Minze.

«Notfalltropfen»

Die beste «Sofort»-Massnahme bei Spannungskopfschmerzen, Migräne, Übelkeit und Reisekrankheit verschafft das *ätherische Öl* der Pfefferminze. Bei letzterem wirkt es sehr gut, wenn man schon am Tag vor der Abreise 3mal *ein paar Tropfen in etwas Wasser* einnimmt.

Bei **Spannungskopfweh** und **Migräne** massiert man *je 1 Tropfen* auf Stirn, Schläfen und Nacken grossflächig ein. Nicht in die Augen bringen, da Minzöl «beissend» ist.

Ein Tropfen Minzöl gibt auch einem **erschöpften** Wanderer neue Kraft, indem das Atemzentrum stark angeregt wird. Wenn kein Wasser vorhanden ist, *einen Tropfen auf den Handrücken* geben und mit der Zunge abschlecken. Nicht mehr als einen Tropfen pro Stunde einnehmen!

Pfefferminztee

1 TL getrocknete, geschnittene oder 3-4 frische, zerschnittene Pfefferminzblätter mit 1 Tasse kochendem Wasser übergiessen, 5-10 Min. ziehen lassen, abseihen. Nach Belieben mit *1 TL Pinienkerne* verfeinern, die auf den Tassenboden absinken. Mässig warm, langsam in kleinen Schlucken trinken und dann die Pinienkerne essen.

Pfefferminztee ist verdauungsfördernd und bei Übelkeit, Brechreiz und Unwohlsein infolge Überladung des Magens aus Erfahrung gut.

Homöopathie

Wer homöopathische Mittel einnimmt, sollte Pfefferminze vermeiden, da das Menthol deren Wirkung schwächen kann.

Mintsauce

100 g frische Pfefferminzblätter, fein gehackt
90 g Sucanat/Vollrohrzucker
1/8 l Weissweinessig
6 EL Wasser
2 TL Zitronensaft
1 Messerspitze Kräutersalz
Pfefferminze mit der Hälfte des Zuckers in einem Mörser fein zerreiben oder mit dem Mixer pürieren. Restlichen Zucker, Essig, Wasser und Zitronensaft zum Kochen bringen und solange köcheln lassen, bis die Flüssigkeit klar ist. Minze dazugeben, salzen, abkühlen lassen.

Englische Mintsauce passt ausser zu Lamm auch zu Rind, Geflügel, Eierspeisen und Gemüse.

Ringelblume

*D*ie Ringelblume stammt aus dem Orient und Mittelmeerraum und gehört zu den Korbblütlern (Compositae). Nicht zufällig nennt man sie auch «Arnika der Gärten», Mariengold, Goldrose, Sonnwendblume, Morgenrot und Abendrot: Als typische Bauerngartenbewohnerin streckt sie bei schöner Witterung ihre kräftig leuchtenden Blüten der Sonne von morgens bis abends entgegen. Tut sie das nicht, soll es Regen geben. Wild kommt sie eher selten vor, im Garten liebt sie es dagegen geradezu, vernachlässigt zu werden, um sich nach Lust und Laune zwischen Tomatenstauden, Bohnen, Himbeeren oder Rosen ansiedelnzu können. Dankbar, wie sie ist, blüht sie lange Zeit, von Mai bis Oktober kann man die Blüten ernten.

Calendula off. L. ▶ lat. calendae: der Monatserste; lat. officinalis: heilkräftig. Der Name Calendula besitzt verschiedene Deutungen. Zum einen bezieht er sich auf die lange Blütezeit von Juni bis knapp zum Winterbeginn, zum andern soll sie als «Tageskalender» dem Lauf der Sonne folgen und nachts ihre Blüten schliessen. Ringelblume heisst sie ihrer ringförmigen Samenstände wegen.

Konkurrenz für Arnika

Hildegard von Bingen liefert in ihren Schriften «Causae et Curae» das erste Zeugnis über die Verwendung der Ringelblume als Heilpflanze. Schon der gelehrten Äbtissin war die «Ringula-Salbe» auf der Basis von Speck zur Behandlung von «Kopfgrind» geläufig. Lange Zeit wurde die seither zur häuslichen Kräuterapotheke gehörende Pflanze vornehmlich innerlich angewendet. Den Höhepunkt ihres Ansehens erreichten die von der Wirkung her arnikaähnlichen, aber hautfreundlicheren Blümchen im 19. Jahrhundert als Modedroge gegen Krebs. Heute hat sich das in der Volksmedizin viel breiter gefasste Anwendungsspektrum auf die entzündungshemmenden, wundheilenden und hautpflegenden Eigenschaften der Calendula konzentriert – dies aber in einer sehr weit gefächerten Palette von Anwendungsmöglichkeiten und -arten. Zu den «Hauptaufgaben» zählen Akne, Ekzeme, Furunkel, Krampfadern, offene Beine, Geschwüre, Frostbeulen, Quetsch-, Riss-, Brandwunden, Wundliegen (Dekubitus). Die Industrie hat sich die Vorzüge der Ringelblumen zunutze gemacht und eine Fülle von calendulahaltigen Produkten entwickelt, vom Lippenstift bis zum Geschirrspülmittel.

Calendula in Heilkunde, Küche und Kosmetik

Die Pflanze ist schlichtweg eine Wohltat. Die mit Sonnenblumenöl angesetzten Ringelblumenblüten sind nur ein Beispiel unter vielen für die hautpflegende, -regenerierende und -heilende Wirkung. Die hellgelb bis rotbraunen Blüten enthalten Carotinoide, die seit dem Mittelalter zum Färben benützt werden. Sie verleihen Butter, Käse, Quark, Pudding und, in Milch eingeweicht, auch Gebäck und Kuchen einen satten, warmen Gelbton. Auch Reis und Nudeln kann man mit Ringelblumenblüten, ähnlich wie mit Safran, färben – übrigens ein früher gängiger Trick, Safran mit Calendula zu mischen, da Safran weitaus teurer war und ist. Ferner wurden die Blütenblätter, besonders die rotbraunen, zum Schminken und Haarefärben verwendet. In Potpourris und Kräutertees sind sie häufig als Schmuckdroge enthalten. Sie machen sich als (essbare!) Dekoration ebenso gut in Salaten und Suppen wie im Gemüsebeet und zwischen Beerensträuchern. Apropos Garten: auch hier ist die Pflanze nützlich, nicht zuletzt als Jauche.

Marigold Sandwich

Ein Stück *Brot* mit *Käse, Mayonnaise* und ein paar *Ringelblumenblüten* (engl. Marigold) belegen – fertig ist das schmackhafte Marigold Sandwich, das, kurz im Backofen überbacken oder kalt, in den USA als gesunder Imbiss gilt. Gesundheitsbewusste hierzulande ersetzen die Mayonnaise durch *Quark*.

Der A. Vogel Tip
Zur Pflege trockener, rissiger, strapazierter und spröder Haut und rissiger Lippen, vor allem in der kalten Jahreszeit, empfiehlt sich die 100 % natürliche **Bioforce-Crème**, die eher eine fetthaltige, sparsam aufzutragende Salbe ist. Sie eignet sich als Kälte- und leichter Sonnenschutz und beugt Wundliegen vor. Ausser Ringelblumen enthält sie Salbei und Sanikel sowie Tinkturen aus Kamille, Hamamelis, Arnika und Parakresse.

Calendula-Salbe

1 Handvoll frische Ringelblumenblüten und -kraut fein schneiden. *250 g gehärtetes Erdnussfett* im Wasserbad auf kleiner Flamme schmelzen, dann Ringelblumen dazugeben. Ausreichend grossen Topf dafür verwenden, da das erwärmte Fett hochsteigt. Eine ½ Stunde auf ganz kleinem Feuer erwärmen. Durch ein Gazetuch abseihen, in Döschen oder dunkle Gläser abfüllen.

Schlecht heilende, offene Wunden (auch bei Tieren) oder rauhe, rissige, geschundene Hände mehrmals am Tag mit wenig Salbe einreiben. Es existieren unzählige Varianten dieser berühmten Heilsalbe; beliebte Salbengrundlagen sind u.a. Schweineschmalz und Ziegenbutter.

Ringelblumen-Tee/Aufguss

1 TL getrocknete oder *2-3 TL frische Blüten* mit *¼ l kochendem Wasser* übergiessen, 10 Min. ziehen lassen, abseihen.

In der Volksmedizin wird der wärmende, schweisstreibende Tee immer wieder als gutes Frauenmittel verwendet. 2-3 Tassen täglich in der Woche vor der Menstruation trinken, damit sich der Zyklus reguliert.

Der Aufguss eignet sich auch als Haarspülung, Badezusatz, Spül- und Gurgelwasser bei Entzündungen im Mund- und Rachenraum und für Umschläge zur Wundbehandlung. Ausserdem ist er eine Wohltat für schmerzende Füsse.

Rosmarin

*D*er wilde Rosmarinstrauch mit seinen blassblauen, weissen oder rosa Blüten kann bis zu stolze zwei Meter in die Höhe wachsen. Seinen aromatischen Duft verströmt das in Küche, Haushalt, Heilkunde und Kosmetik gleichermassen beliebte und zu Urzeiten heilige Kraut am liebsten in der Macchia und den küstennahen Gebieten des Mittelmeeres. Entsprechend der Meeresnähe seiner Heimat lautet der lateinische Name, Rosmarinus, Meertau. Nördlich der Alpen erreicht der holzige Kleinstrauch eine bescheidenere Höhe und muss sich mit Kräutergärten, Balkonen und Fensterbänken als Standort begnügen. Seine Blüten entfaltet das zu den Lippenblütlern (Lamiaceae) gehörende, immergrüne Gewürzkraut von März bis Juni, die heilkräftigen Blätter («Nadeln») kann man das ganze Jahr über ernten, am besten als ganze Zweiglein.

Rosmarinus off. ▶ gr. rhops myrinos: wohlriechender Strauch; evtl. lat. ros: Tau; lat. marinus, Meer; lat. officinalis, heilkräftig.

Jungbrunnen der Königin

Als Regenerationsmittel für Erschöpfte und Geplagte besitzt der Rosmarin eine königliche Referenz aus dem 14. Jahrhundert: Isabella, 72, ihres Zeichens Königin von Ungarn, litt damals an Gicht und Rheuma und fürchtete, dass das Ende ihrer Herrschaft nahte. Doch es sollte anders kommen: eine Rosmarinbehandlung verjüngte die ältere Dame dermassen, dass der König von Polen um die Hand der neu Erblühten anhielt. Das Rezept des «Wassers der Königin von Ungarn» finden Sie nebenan. Wenn es also darum geht, den Körper zu beleben, wirkt der Rosmarinstrauch wie eine frische Brise. In Form von Hautölen, Bädern, Haarspülungen, Mundwasser, Salben usw. äusserlich angewendet, fördert der Rosmarinkampfer, (ähnlich dem Pfefferminzkampfer) die Durchblutung und unterstützt die Behandlung von Muskel- und Gelenkrheumatismus. Innerlich eingenommen, beeinflusst er Befindlichkeitsstörungen günstig, wie z.B. Völlegefühl, Blähungen und leichte, krampfartige Magen-Darm-Galle-Störungen. Die Volksmedizin kennt noch viele weitere Einsatzgebiete.

Rosmarin in Hausapotheke, Küche und Bad

Hochzeitsmaien, Brautkraut, Weihrauchkraut – wie immer man den Rosmarin nennt, seit dem Altertum verbindet man mit ihm Existentielles: Geburt, Heirat, Tod. Neugeborenen gab man ein Zweiglein in die Hand, damit ihnen das Glück hold sei. Verstorbenen legte man eines auf die Brust als Wegbegleiter ins jenseitige Land, und als «Kraut der Erinnerung» flocht man ihn bei Beerdigungen in Kränze ein. Als Symbol für eheliche Treue schliesslich wurde der Strauch an Hochzeiten im Garten gepflanzt. Gedieh er, stand einer glücklichen Ehe nichts im Wege. Aber ehrlich gesagt: In der Küche ist Rosmarin auch nicht ganz ohne! Was wäre die mediterrane Esskultur ohne das hocharomatische Kraut? Was wären Lamm, Kaninchen oder Huhn à la provençale ohne Rosmaringoût, was Grillmarinaden ohne seine würzig-herben «Nadeln» und was erst das berühmte Bouquet garnie? Einziger Nachteil: Während der Schwangerschaft sollte man Rosmarin wegen der Nebenwirkungen des ätherischen Öls meiden.

Der A. Vogel Tip
Dentaforce Rosmarin-Zahnpasta reinigt die Zähne gründlich und kräftigt das Zahnfleisch – mit Echinacea- und Ratanhia-Tinkturen sowie Rosmarin- und Pfefferminzölen. Rosmarin macht auch den Atem frisch. Bei Mundgeruch esse man einige Tage frische Rosmarinblüten und -nadeln, mit Olivenöl und Zwiebeln angemacht.

Rosmarin-Fussbad

1 Handvoll frische, entstielte oder 1 EL getrocknete Rosmarinblättchen mit 1 l kochendem Wasser übergiessen, 5-10 Min. ziehen lassen und dem warmen Fussbad beifügen. Nach 3-5 Min. Fussbad die Füsse kurz in kaltes Wasser tauchen bzw. kalt abduschen und wieder in das warme Fusswasser zurückstellen. Diese Prozedur 2-3mal wiederholen. Bei Migräne, Kopfschmerzen, schlecht durchbluteten und müden Füssen.

Gemüse, Schafs- und Ziegenkäse in Rosmarinöl

4-5 frische Rosmarinzweige verleihen *1 l kaltgepresstem Olivenöl* einen unvergleichlichen Geschmack und machen eingelegte Gemüse, Fische, Früchte oder Käse länger haltbar. Die Rosmarinzweige leicht zusammendrücken, damit sich ihr Aroma stärker entfalten kann. Das Öl gut verschlossen, kühl und dunkel aufbewahren. Zum Einlegen eignet sich vieles: z.B. kleine Steinpilze und Champignons, Artischocken, Paprika, Oliven, Zitronenscheiben, Ziegenkäse oder **griechischer Schafskäse** (Feta).
100 g Feta, in Würfel geschnitten
8-10 schwarze Pfefferkörner
8 schwarze Oliven
in ein kleines Einmachglas (ca. ¼ l) geben und mit *150 ml Rosmarinöl* (mit ein paar Nadeln) übergiessen. Das Öl sollte etwa 1 cm über dem Feta stehen. Glas verschliessen und mindestens 1 Woche ruhen lassen. Dazu frisches Fladenbrot reichen.

Aqua Reginae Hungericae

Für das *«Wasser der Königin von Ungarn»* mischt man lediglich *3 Teile Rosmarintinktur* mit *1 Teil Lavendeltinktur.* Täglich 2-3mal 10-15 Tropfen in etwas Wasser bei Kreislaufschwäche, Erschöpfung, nervösen Herzbeschwerden und Appetitlosigkeit einnehmen; äusserlich zum Einreiben bei Gicht, Rheuma, Muskel- und Gelenkschmerzen.

Salbei

D er Halbstrauch mit den hellblauen bis violetten (essbaren) Blüten ist ein Mittelmeerbewohner, von Dalmatien bis Spanien heimisch. Schon die Griechen kannten ihn, die Römer nannten ihn «herba sacra», heiliges Kraut, Benediktinermönche brachten ihn über die Alpen, und im Mittelalter zierte er Kloster- und Bauerngärten zu Hauf. Der zu den Lippenblütlern (Lamiaceae) gehörende Salbei wird 30-50 cm hoch und besitzt grünlich-graue, längliche Blätter, die man, wie die Blütentriebe, am besten zu Beginn der Blüte im Juni oder Juli erntet. Der heilkräftige «Sohn des Südens» kommt diesseits der Alpen nur im Wallis wild vor, weil er dort offenbar Voraussetzungen findet, die denen in seiner Heimat ähnlich sind. Als Heil- und Gewürzpflanze wird der Salbei in Kulturen angepflanzt.

Salvia off. ► lat. salvus: gesund; lat. salvare: heilen; lat. officinalis: heilkräftig. Der deutsche Name Salbei ist eine Ableitung des lateinischen Salvia.

Der A. Vogel Tip
Für das Zahnfleisch und gegen Zahnsteinbildung gibt es nichts Besseres als Salbei. **Salvia off.** Ø Urtinktur (nur in CH) wird bei Mund- und Zahnfleischentzündungen zum Spülen verwendet. Gebissträger schätzen es zur Behandlung von Druckstellen. Mit getränkten Wattestäbchen die Stellen betupfen oder die verdünnte Tinktur mit der Zahnbürste einmassieren. Im desinfizierenden **Dentaforce** Kräuter-Mundwasser und -Spray ist ebenfalls Salbei enthalten.

«He should live for aye / must eat sage in May»

Für den britischen Botaniker John Hill war der Salbei (engl. sage) «eines der angenehmsten Stärkungsmittel, das man sich nur denken kann». Wer ewig leben will, so wird sein Reim übersetzt, der esse Salbei im Mai. Hill stellte fest, dass die Blütenkelche kurz vor der Blüte ein kräftig duftendes, balsamisches Harz enthalten. Dieses Harz, als Tinktur mit verdünntem Alkohol ausgezogen, liess das Herz des Botanikers höher, kräftiger und sogar poetisch schlagen. Und das, wie man heute weiss, zu recht: Salbei regt alle Körperfunktionen an, wirkt desinfizierend, entzündungs- und schweisshemmend.

Salbei in Hausapotheke, Küche und Kosmetik

«Warum stirbt ein Mensch, obwohl Salbei in seinem Garten wächst?», fragten die Ärzte der «Medizinschule von Salerno» im 13. Jahrhundert. Der Salbei, reich an ätherischem Öl, Gerbstoffen und organischen Säuren, ist ein allzeit hochgeschätztes Heilkraut mit vielen Anwendungsmöglichkeiten (Aufgüsse, Destillate, Spülungen, Pinselungen, Bäder, Presssäfte, Tinkturen, Tees). In der Küche hat es dank des unverwechselbaren, herben Aromas einen festen Stammplatz und ist frisch, getrocknet oder tiefgekühlt praktisch ganzjährig verfügbar. Am besten entfaltet es seinen Geschmack, wenn es in Fett gebraten, geröstet oder frittiert wird. Auch in flüssigem Zustand wird Salbei von manchen sehr geschätzt, zum Beispiel als feines Gewürz in Grappa, Likör oder Wein. Der «gute Zweck» liegt dann auf der Hand: solcherart aromatisierte Alkoholika sollen die Verdauung unterstützen und Blähungen schon im Vorfeld aus dem Weg räumen. Die Kosmetikindustrie nützt Salbei unter anderem als Duftkomponente in Seifen, Lotionen und Parfums.

«Essig der vier Diebe»

Während der Pestepidemie in Toulouse im Jahre 1630 wurden vier Leichenfledderer festgenommen, die ihrem Gewerbe offenbar ohne Angst vor Ansteckung nachgingen. Das Gericht wollte ihnen das Leben schenken, wenn sie verrieten, wie sie sich vor der Pest schützten. Salbei-Essig, gaben sie zu Protokoll, wie folgt hergestellt:
In *1 l Obstessig 2 EL frischen, grob zerzupften Salbei* und *je 1 EL Thymian, Lavendel* und *Rosmarin* einlegen, 2 Wochen später abseihen: ergibt einen würzigen Speiseessig, der mit etwas Wasser verdünnt ein bewährtes Gurgelmittel bei Halsentzündungen ist.

Salbeitee

1 TL getrocknete, geschnittene Salbeiblätter mit *1 Tasse Wasser* kurz aufkochen und 5 Min. ziehen lassen. Abseihen und bei Nachtschweiss abends 1-2 Tassen in kleinen Schlucken trinken. Nüchtern am Morgen ist der warme Tee zugleich ein sehr gutes Mittel bei Magenkatarrh. Morgens mit dem Tee kalt oder warm die Achselhöhlen waschen, hilft gegen Achselschweiss. Bei übermässigem Schwitzen (auch psychosomatisch bedingt), Fuss- und Nachtschweiss oder Wallungen in den Wechseljahren ist ebenso die Salbeitinktur (Salvia off. Ø) ein zuverlässiger Helfer.

Aperitif-Gebäck

30-40 frische Salbeiblätter
4 EL Dinkelmehl
1 Ei
2-3 EL dunkles Bier
2-3 EL Kräuteröl oder Bratfett
Mehl, Ei und Bier zu Teig verrühren, Salbeiblätter darin wenden und in heissem Fett kurz herausbraten, salzen.

Gesichtsdampfbad

1 Handvoll frische, geschnittene Salbeiblätter in *1 l kochendes Wasser* geben. Kopf etwa 10 Min. darüber halten, mit einem Frotteetuch bedeckt. Danach Gesicht abtupfen und mit einem milden Kräuter-Gesichtswasser nachreinigen. Erfrischt und reinigt die Haut.

Pasta à la Salvia

50 g Butter
10 kleine Salbeiblätter
1 EL gehackte Mandeln oder Walnüsse (Baumnüsse)
ein paar Tropfen Haselnussöl
Salz, Pfeffer, Muskatnuss
Salbei und Mandeln/Nüsse in der zerlassenen Butter leicht anbraten, mit Öl und Gewürzen abschmecken. Sofort über heisse Teigwaren geben und Parmesan darüberreiben.

Schafgarbe

D ie Schafgarbe (Achillea millefolium) wächst überall dort, wo kranke Schafe und Lämmer sich an ihr gesund fressen könnten: an Wegrändern, auf Öd- und Schuttplätzen und Alpweiden. So will es auch die Etymologie des Wortes Schafgarbe, das aus dem Althochdeutschen «garwe» stammt, was soviel wie «Gesundmacher» bedeutet. Und in der Tat tut sie das: sie hilft Schafen, Ziegen, Pferden und Rindern, wenn sie unter Magen-Darmstörungen und Blähungen leiden.

Der ausdauernde, bis zu einem halben Meter in die Höhe wachsende Korbblütler blüht von Juni bis September, und seine heilkräftigen Blütenköpfchen befinden sich in flachen weissen Trugdolden. Man erntet die Knospen und Blätter am besten kurz vor der Blüte.

Achillea millefolium L. ▶ lat. mille: tausend; lat. folium: Blatt.
Der Botaniker Carl von Linné (1707 – 1778) taufte die Pflanze Achillea nach Achilles, dem Helden von Troja, der während der Belagerung der Stadt von einem Giftpfeil verletzt wurde. Chiron, der kräuterkundige Zentaur, heilte Achilles mit Schafgarbe.
Die Bezeichnung millefolium bezieht sich auf die «tausend» fein zerteilten Fiederblättchen.
Das L. erinnert an die Namensgebung durch Carl von Linné.

Klassisches Frauenkraut

«Schafgarbe im Leib, tut wohl jedem Weib», lautet ein Sprichwort, dem, wie so oft, eine Portion Weisheit anhaftet. Tatsächlich wird die schon seit ältester Zeit bekannte Schafgarbe in der Volksmedizin bei Menstruationsstörungen verwendet, was ihr die Namen Jungfern- und Frauenkraut eintrug.
Ihre krampflösende, blutungs- und schmerzstillende Wirkung hat auch sonst so manches Leid gelindert. Magen-Darm-, Leber-Galle-, Blasen- und Nierenerkrankungen sowie die äusserliche Behandlung von Wunden fallen nach Ansicht der Volksheilkunde ebenfalls in ihr Ressort. Der wissenschaftliche Wirkungsnachweis ist zwar nicht in jeder Hinsicht erbracht – aber was macht das schon, die Erfahrung gibt ihr oft genug recht.

Schafgarbe in Heilkunde, Küche und Kosmetik

«Augenbraue der Venus» wurde die Schafgarbe im Mittelalter liebevoll genannt. Dass dieser Name zu einem Frauenkraut gehören muss, versteht sich von selbst. Allerdings verdanken auch Männer dieser vielgerühmten Heilerin einiges: Blutstillende Umschläge mit dem – in diesem Fall – «Soldatenkraut» waren früher in Kriegslazaretten gang und gäbe. Neben ätherischem Öl, Gerb- und Bitterstoffen enthält die Schafgarbe, wie die mit ihr oft verglichene Kamille, Chamazulen, und sie besitzt sowohl eine krampflösende als auch eine gallenanregende und verdauungsfördernde Wirkung, worauf eine weitere Bezeichnung verweist: Bauch-

wehkraut. Auch kosmetisch ist die Schafgarbe eine nützliche Pflanze: Man kann zum Beispiel einen Brei aus zerstampften frischen Blättern als Gesichtsmaske 15 Minuten auflegen, um entzündete, gereizte, fettige und unreine Haut zu verwöhnen. Eine andere Behandlung vor allem von fetter und unreiner Haut besteht darin, in Schafgarbentee getränkte Kompressen auf das Gesicht zu legen oder Schafgarbendampfbäder zu nehmen. Natürlich darf man das Kraut auch in die Küche schmuggeln: die Blüten und Blätter haben ein feines, würziges, leicht bitteres Aroma.

Schafgarbentee

2 TL zerkleinerte Blüten und Kraut in *150 ml kochendes Wasser* geben, kurz aufkochen lassen und 10 Min. ziehen lassen. Abseihen und täglich 3-4 Tassen in kleinen Schlucken trinken. Kurmässig bis zu 4 Wochen bei krampfartigen Unterleibsbeschwerden, Gastritis und Magen-Darmstörungen, die von Blähungen und Krämpfen begleitet sind, anwenden.

Der A. Vogel Tip

Die Schafgarben-Urtinktur **Millefolium Ø** ist ein traditionelles Heilmittel bei zu starken Menstruationsblutungen und damit verbundenen Unterleibskrämpfen.
Aber sie lindert auch Verdauungsstörungen. In den **Gastrosan** Magen-Tropfen (nur in CH) ist ebenfalls Schafgarbe enthalten, kombiniert mit anderen Bitterkräutern, vgl S.18 und 73.

Frauenbad

100 g Schafgarbenblüten oder *-kraut* ins Voll- oder Sitzbad geben und 20 Min. im Badewasser bleiben. Einige Abende vor der Menstruation durchführen damit sich verkrampfte, schmerzende Unterleibsmuskeln entspannen.

Warme Vollbäder mit Millefoliumzusatz wendeten unsere Grossmütter u.a. auch bei Rheuma, übermässigem Schwitzen und bei Kleinkindern (ab 9. Monat) an, die unter Blähungen und Bauchschmerzen litten.

Allergiker aufgepasst!

Bei wenigen Menschen kann die Schafgarbe Hautjucken und -röten auslösen (Wiesendermatitis). Nach Absetzen der Schafgarbe klingen diese Erscheinungen ab.

Schafgarben-Variationen

Aus verschiedenen Wildkräutern, z.B. Schafgarbe, Bärlauch, Schlüsselblume, Spitzwegerich, Löwenzahn u.a. lässt sich im Frühjahr ein bunter, köstlicher und gesunder **Wald- und Wiesensalat** komponieren.

Gemüse- und Kartoffelsuppen vertragen sich mit frischen Schafgarbenblättchen, fein gehackt, sehr gut und profitieren geschmacklich von dieser Abwechslung.

Auf dem **Butterbrot** sind fein geschnittene Schafgarbenblätter in Gesellschaft von Schnittlauchröllchen auch nicht ohne. Wo man sie sonst noch unterbringen kann? In **Rühreiern, Quark, Hüttenkäse** … Hier dürfen Sie ruhig mal mutig sein!

Senf

S enf ist den meisten als hellbraune Würzpaste geläufig, was dahinter steckt, weiss aber kaum jemand: Sinapis alba, der mildere Weisse Senf, eine bei uns heimische Ackerpflanze, die dem Raps nicht unähnlich ist, Brassica nigra, der schärfere Schwarze Senf, und Brassica juncea, der aromatische Braune Senf. Von allen drei Arten verwendet man die Samen der jeweils einjährigen, gelbblühenden, bis zu einem Meter hohen Pflanzen, die nach der Blüte im Juni/Juli in Schoten heranreifen. Im Spätsommer werden die weissen, braunen oder schwarzen Samenkörner geerntet. Die Garben werden zum Trocknen aufgestapelt und dann gedroschen.

Sinapis alba ▶ gr. sinapis: Name des Senfs in der Antike; lat. alba: weiss.
Brassica nigra ▶ lat. praesecare: abschneiden; lat. niger: schwarz, dunkel; gr. brasso: knistern.
Mostrich ▶ lat. Mustum ardeum: brennender, scharfer Most.

Wo man seinen Senf dazugeben kann

Die vielschichtige Bedeutung des Senfs ist seit mindestens fünf Jahrtausenden belegt. Hippokrates zufolge haben schon die Perser Senf zu den Arzneien gezählt; die Griechen sollen wilden Senf als Erste kultiviert haben, und die Römer waren ganz scharf auf ihn. Ihrer Ansicht nach war das würzige Kraut ein Aphrodisiakum, das auch als Medizin gross in Mode war: Plinius kannte mindestens 40 senfhaltige Heilmittel.

Vom Mittelalter bis heute setzt sich die Erfolgsgeschichte ungebrochen fort: Kaiser Karl der Grosse befahl den Anbau von Senf auf seinen Krongütern per Dekret. Papst Clemens VI. schuf am Hof zu Avignon eigens die Position eines Ober-Senfmeisters, und die Stadt Dijon verdankt der Pflanze bis heute ihren Ruf. Die Dijoner sehen für ihre Senfspezialität Most anstelle von Essig vor, wovon sich die frz. Bezeichnung moutarde, das engl. mustard und das dt. Mostrich herleiten. Glaubte man früher, dass Senf Dämonen banne, weiss man heute von seiner Heilkraft: Senfkörner wirken antibakteriell und fördern Appetit und Verdauung.

Senf in Küche und Hausapotheke

Senfgurken, Senfbutter, Senffrüchte, Senfsauce, Senfkörner in Mixed Pickles, Senf aus der Tube zu Wiener Würstchen, Senf im Gemüsebeet, Senf im Fussbad, Senf im Umschlag, Senfkörner im Opferfeuer: Senf ist und war schon immer eine allgegenwärtige Gewürz-, Arznei-, Garten-, Futter- und Kultpflanze, die im Gegensatz zu den meisten, teuer zu bezahlenden Gewürzen selbst den Armen seit Urzeiten zur Verfügung stand. Die fetthaltigen Samen, früher auch für Lampenöl verwendet, machen Gemüse, z.B. Gurken, haltbar. Die zugespitzten, dunkelgrünen Blätter ergeben eine köstliche Salatbeigabe, und der problemlos im Garten gedeihende weisse Senf ist ein bodenverbessernder Gründünger, den Biogärtner schätzen. Die Schärfe des Senfs ist abhängig von der Samenart. Die schwarzen Samen sind am schärfsten und schwerer zu ernten, weil sie etwa fünfmal so klein sind wie die weissen. Der weisse Senf ist am mildesten, der braune konserviert am besten und ist eher mittelscharf. Senf der «Marke Eigenbau» findet man heute kaum mehr, obwohl das Selbermachen durchaus zu bewerkstelligen ist. Früher war das selbstverständlich: Senfkörner, Essig, Salz und ein Mörser reichten aus.

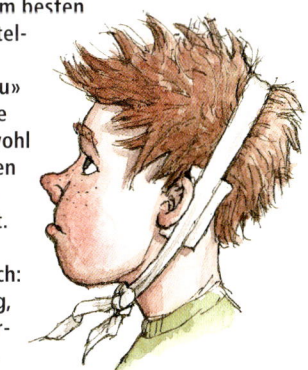

Die älteste Anleitung zum Senfmischen ist rund 2000 Jahre alt und stammt von einem Römer. Mittlerweile hat fast jede Region ihr eigenes Rezept, das sich in der Wahl der flüssigen Zutaten (z.B. Wein, Whisky oder Bier statt Essig) und der Zugabe von Kräutern, Gewürzen oder Zucker von den anderen unterscheidet.

Basisrezept grober Senf:
100 g ganze schwarze oder braune Senfkörner
175-200 ml Weissweinessig
50 g ganze weisse Senfkörner
1 EL Salz oder Trocomare
Schwarze Körner in 150 ml Essig zugedeckt über Nacht einlegen, dann im Mörser grob zerstossen. Weisse Senfkörner im Mörser fein zermahlen, restlichen Essig und Salz dazugeben und mit der schwarzen Senfmasse verrühren. Nach Gusto 1 EL Kräuter oder Honig hinzufügen. In sterilisierten Gläsern mindestens 2 Wochen kühl lagern. 3 Monate haltbar.

Senfwickel: *4 EL Mehl von schwarzen Senfkörnern* mit *lauwarmem Wasser* zu Brei verrühren. Senfbrei messerrückendick auf der Haut auftragen, mit Leinentüchern umwickeln und 5-10 Min. einwirken lassen, bis sich die Haut leicht rötet. Die Haut mit kaltem Wasser reinigen.

Vorsicht: Lieber zu früh als zu spät abnehmen, da Senfwickel die Haut stark reizen und Brandblasen hervorrufen können! Mit ½ EL Leinsamenmehl vermischt reizen sie die Haut weniger.

Senfpflaster werden ähnlich zubereitet. Den Senfbrei auf einen Waschlappen oder ein Pflaster der benötigten Grösse aufstreichen und 5 Min. auf der Haut einziehen lassen. Zur Linderung von Stirn- und Kieferhöhlenentzündungen, Rheuma und chronischen Kopfschmerzen. Bei Letzteren legt man das Pflaster zwischen die Schulterblätter auf den Rücken, damit der Schmerz durch die dort entstandene Reizung ab- bzw. ausgeleitet wird. **Senf-Fussbäder** aus *30 g Senfmehl* auf *10 l Wasser* wirken nach dem gleichen Prinzip.

(Senfmehl und -samen sind im Fachhandel erhältlich.)

Der A. Vogel Tip
Senfwickel sind ein probates Mittel bei eitrigen Mittelohrentzündungen, wenn Zwiebelwickel versagen. 5 Min. hinter den Ohren auflegen.

Sonnenblume

D ie z.T. über zwei Meter grosse, ursprünglich aus Mexiko stammende Sonnenblume mit ihren einfachen Blättern und den weithin leuchtenden Blütenköpfen symbolisiert wie keine andere die Wärme und die Kraft der Sonne. Sie blüht von Juli bis Oktober und neigt ihren Kopf in dieser Zeit den ganzen Tag über der Sonne zu. Der Korbblütler Helianthus annuus gehört zur gleichen botanischen Gattung wie der Topinambur und wird grossflächig vorwiegend in Südosteuropa und Russland, aufgrund der hohen Dürreresistenz auch in Nord- und Südamerika angebaut. Bei uns trifft man die Sonnenblume oder Sonnenrose vielerorts an – als Zier- oder Nutzpflanze oder als Trostspender, der in seinem Strahlenkranz die Kraft sonniger Tage gespeichert hat.

Helianthus annuus. ▶ gr. helios: Sonne; gr. ánthos: Blume, Blüte; lat. annuus: jährlich.

Der A. Vogel Tip
Bei Muskelkater, rheumatisch bedingten Gelenkschmerzen, Nacken- und Nervenschmerzen, Prellungen und Hexenschuss hilft das Einreibe- und Massageöl **Toxeucal** (nur in CH erhältlich). Das leicht wärmende Öl besteht zu 70 Prozent aus dem hautfreundlichen Sonnenblumenöl und eignet sich auch als Sportmassage- und Einreibemittel vor und nach körperlichen Anstrengungen.
Apropos Sport: Bei anstrengenden Wanderungen sind Sonnenblumenkerne ein wunderbarer Energielieferant!

Sonnige Öllieferantin

Bis zu 2000 Sonnenblumenkerne, die eigentlich Nüsse sind, kann eine einzige Blüte fassen. Schon lange vor Kolumbus machten sich die indianischen Ureinwohner Mittel- und Südamerikas diesen Schatz zu nutze: für die Behandlung von Krankheiten, die Öl- und Farbstoffgewinnung oder zum Fladenbacken (aus den gemahlenen Kernen). Die ersten Kerne brachten die Spanier im 16. Jahrhundert nach Westeuropa. Ihren Wert erkannte man aber noch lange nicht – bis Anfang des 19. Jahrhunderts ein ukrainischer Bauer auf die Idee kam, aus den Samen Öl zu pressen. Dank des Reichtums an Vitamin E und der ungesättigten Fettsäuren gehört das Sonnenblumenöl zu den ernährungsphysiologisch hochwertigsten Speiseölen.

Sonnenblume in Küche und Körperpflege

Samen, Blüten, Blätter und Stengel – von der Sonnenblume ist einfach alles brauchbar. Das faserige Mark des Stengels findet in der Papier- und Textilherstellung Verwendung. Das Öl – nach Sojaöl das meistproduzierte der Welt – wird für Margarine, Mayonnaise, Farben, Lacke und versuchsweise auch als Treibstoff für Dieselmotoren gebraucht. Die Blütenblätter mit dem gelben Farbstoff sind, in kleinen Mengen, eine hübsche Zugabe zu Erkältungs- und Blasentees und, frisch gepflückt, eine Bereicherung von Sommersalaten. In Salaten und Sandwiches sind ebenso die Keimlinge und gerösteten Kerne ein gesunder Genuss. Last but not least, gibt man Tieren täglich frische Sonnenblumenkerne ins Futter, so revanchieren sie sich angeblich sofort: Hennen legen mehr Eier, Kühe geben mehr Milch, das Fell von Hunden und Pferden bekommt einen schöneren Glanz, und Vögel picken die Kerne mit Wonne.

Chicoréesalat

1 EL Zitronensaft
1 Prise Salz, 1 Msp Pfeffer
1 TL gehackter Dill
2 EL Sauerrahm
2 EL Magerquark
½ EL Sonnenblumenöl
miteinander verrühren.
400 g Chicoréestreifen
4 EL geröstete Sonnenblumen-
kerne oder -keimlinge
1 Karotte, in Stäbchen
geschnitten
dazugeben und mischen.

Zeckenschutz für Hunde

Etwas Toxeucal auf den Händen verreiben und damit das Hundefell einreiben – ein guter Schutz gegen Zecken.

Sonnenblumenöl

Sonnenblumenöl, mit Distelöl eines der wertvollsten Öle, ist nicht nur für die kalte Küche geeignet, sondern auch als lecithin- und vitaminreiche Grundlage für kosmetische Crèmes, speziell für fette und unreine Haut, und Körper-, Massage- und Badeöle.

In Russland ist seit langem ein Naturheilverfahren populär, das seit einiger Zeit auch bei uns Anhänger findet: das **Sonnenblumenölschlürfen.**

So wird's gemacht:

1 TL bis 1 EL kaltgepresstes Sonnenblumenöl eine Viertelstunde lang im Mund-Rachenraum langsam durch die Zähne ziehen, kauen und hin- und herschlürfen.

Den entstandenen weissgelblichen Schaum danach ausspucken, da giftige Ausscheidungsprodukte darin enthalten sind, dann den Mund ausspülen und die Zähne putzen.

Neben der unspezifischen Entgiftung des Körpers soll diese über Wochen ausgeübte Technik bei chronischen Krankheiten und Paradontose viel ausrichten können.

Tip: Kaltgepresste Öle in kleinen Flaschen kaufen, da sie schnell ranzig werden. Flaschen gut verschliessen und kühl und dunkel aufbewahren.

Tausendgüldenkraut

Das kleinwüchsige, rosablühende Pflänzchen, das im Volksmund auch Gallkraut, Bitterkraut, Gottesgnadenkraut und Fieberkraut heisst, ist auf Magerwiesen, Heiden und Waldlichtungen zuhause. Es gehört zur Familie der Enziane, der Gentianaceae, und ist, bei aller Lieblichkeit, so bitter, wie man es nie vermuten würde – selbst in einer Verdünnung von 1:2000 hat es noch einen bitteren Geschmack. Die Heilkraft der Bitterstoffe wird seit dem Altertum geschätzt und zur Herstellung von Wermutgetränken genutzt.

Erntezeit ist während der Blüte von Juli bis September. Das ganze Kraut ohne Wurzel wird etwa 5 cm über dem Boden abgeschnitten und zum Trocknen an einem luftigen, schattigen Ort aufgehängt.

Da Tausendgüldenkraut zum Teil sehr rar geworden ist, sollte man es nicht wild sammeln, sondern an einer kalkreichen, lehmigen, leicht sandigen und sonnigen Stelle im Garten ziehen.

Centaurium, von Erythraea centaurium
► von gr. kentaur (Chiron); gr. erythraea: rötlich, rotblühend.
Der Name bezieht sich auf den weisen Zentauren Chiron, der nach der griechischen Sage Herakles, Achilles, Jason und Äskulap die Pflanzenheilkunst vermittelt haben soll.

Gut für die Verdauung

Tausendgüldenkraut ist eine klassische Bitterstoffdroge, die über die Sinnesnerven der Mundschleimhaut die Sekretion von Verdauungssäften in Magen und Leber anregt und auf den gesamten Verdauungsapparat belebend wirkt. Hauptanwendungsgebiete sind Magenkatarrh und Magenbeschwerden, die auf eine mangelhafte Magensaftbildung zurückzuführen sind, Stuhlträgheit, Appetitlosigkeit und allgemeine Schwächezustände. Nicht anwenden sollte man Tausendgüldenkraut bei Magen- und Darmgeschwüren und übersäuertem Magen.

Die Volksmedizin hat mit dem Kraut früher u.a. auch Fieber, Gicht, Diabetes und äusserliche Wunden behandelt.

Tausendgüldenkraut in der Hausapotheke

Das Kräutlein ist so bitter und zwar in all seinen Pflanzenteilen, dass es die Römer «herba felis terrae», Erdgalle, nannten. Aber: «Was bitter dem Mund, ist dem Magen gesund», sagt der Volksmund. Die im ganzen Kraut enthaltenen Bitterstoffe galten als so heilkräftig, dass die fälschliche Übersetzung «Hundertguldenkraut» (lat. centum: hundert, aureum: golden) nicht genügte: Das Kraut musste tausend Gulden wert sein! Nomen est omen: Wer eine Tausendguldenkrautblüte im Geldbeutel hat, dem wird das Geld nicht knapp, reimte sich die Volksseele zusammen. Heute hat die Pflanze an Ansehen verloren, aber in Kombination mit anderen Bitterstoffdrogen ist sie in sehr vielen Fertigarzneimitteln enthalten. Das Heilpotential der Centaurii herba scheint noch nicht ausgeschöpft zu sein. So wird zum Beispiel die heute nicht mehr übliche Anwendung als Fiebermittel experimentell bestätigt, was nordamerikanische Indianer längst wussten: sie verwendeten Centauriumblüten als Chininersatz zur Bekämpfung von Malaria-Fieberschüben. Tausendgüldenkraut hilft übrigens auch Haustieren. Bei Abmagerung und Fressunlust hat man es früher in ganz kleinen Mengen frisch oder getrocknet unters Futter gemischt.

Tee für Appetit und Magen

1 Prise getrocknetes Tausendgüldenkraut mit *1 Tasse kochendem Wasser* übergiessen 15 Min. ziehen lassen, absieben. 3mal täglich vor dem Essen eine Tasse zimmerwarm und ungesüsst in kleinen Schlucken trinken. Ist der Tee ungeniessbar bitter, nächstes Mal schwächer dosieren.

Bei Appetitmangel und Verdauungsbeschwerden, z.B. Blähungen, tun Bitterstoffe wohl. Auch bei anorektischen (magersüchtigen) Kindern und Jugendlichen können Centauriumtee und -tinktur den Appetit steigern. Hält eine psychisch bedingte Essunlust hartnäckig an, sollte der Arzt oder Psychotherapeut aufgesucht werden.

Der A. Vogel Tip
Tausendgüldenkrauttee oder **-Tinktur** helfen bei Appetitmangel, Völlegefühl, Übelkeit, Brechreiz, Blähungen und Verdauungsstörungen. Tausendgüldenkraut ist im Magenmittel **Gastrosan** (nur in CH) enthalten. Centaurium kann kurmässig bzw. langfristig eingenommen werden, ohne dass es zu nachteiligen Auswirkungen kommt – abgesehen davon, dass sich gegen die bittere Medizin eine regelrechte Abneigung aufbauen kann.

Nachtschwärmer-Tip:

Die Auswirkungen einer langen, durchzechten Nacht – Kater und flaues Gefühl im Magen am nächsten Morgen – kann Tausendgüldenkrauttee entscheidend mildern.

Magenbitter

2 TL getrocknetes Tausendgüldenkraut
1 Prise Wermut
2 Prisen Kamillenblüten
Schale von 1 unbehandelten Orange
1 l Medizinalmalaga
Alle Zutaten mit dem Medizinalwein in ein Glasgefäss geben, verschliessen und eine Woche lang ziehen lassen. Wein abfiltern, in eine Flasche füllen, und täglich ein Gläschen trinken.

Thymian

D er Zwergstrauch mit den meist zartlila Blüten gehört zur grossen Familie der Lippenblütler (Lamiaceae) und ist im ganzen Mittelmeerraum zuhause. Schmetterlinge und Bienen «fliegen» förmlich auf die wildwachsende Pflanze, die wenig verlangt, aber grosszügig Nektar spendet. Auch dem Menschen erweist sie seit Jahrtausenden grosse Dienste, sei es als Desinfektions-, Heil-, Schönheits- oder Würzmittel. Geerntet werden die Blätter und Blüten des Echten oder Gartenthymians während der Blüte im Mai und Juli, aber auch in den anderen Monaten entfaltet das «Bienenkraut» seine Kraft. Der Gartenthymian ist die kultivierte Art des Feldthymians bzw. Wilden Thymians oder Quendels, der fast identisch verwendet wird. Ein anderer Verwandter, dessen Anbau sich wegen der zusätzlichen zitronenähnlichen Geschmackskomponente unbedingt lohnt, ist der Zitronenthymian.

Thymus vulgaris ▶ wahrsch. altägyptisch tham oder thm: Duftpflanze zur Leichenwaschung und für Rauchopfer; lat. vulgaris: gewöhnlich. Die Herkunft des Namens ist nicht vollständig geklärt.

«Der nächste Schnupfen kommt bestimmt, doch nicht zu dem, der Thymian nimmt.»

Der Thymian ist eine der ganz grossen Medizinalpflanzen im Bereich der Erkältungskrankheiten. Husten, Heiserkeit, Bronchitis, Schnupfen, Grippe, Keuchhusten und Asthma sind sein Fall. Seine Heilkraft liegt in den antiseptischen, keimtötenden, schleimlösenden, entkrampfenden und erwärmenden Eigenschaften seiner ätherischen Öle, vor allem des Thymols, und anderer Wirkstoffe. Thymianextrakte und -essenzen werden vielfältig medizinisch genutzt, z.B. zum Inhalieren und Gurgeln, als Tee, Tinktur, Badezusatz, Umschlag, Saft, Wein, Seifen- und Zahnpastazusatz. Er ist auch im Juniperosan Fusspflege-Öl und in der Hamamelis-Seife von A. Vogel enthalten.

Der A. Vogel Tip
Bronchosan-Hustentropfen (nur in CH) mit Thymian, Bibernelle, Efeu, Süssholz und Andorn sind ein guter Helfer bei Erkrankungen der oberen Luftwege und Grippe mit Husten (Bronchitis) und bei Reizhusten. Sie wirken schleimlösend, auswurffördernd, hustenreizmildernd und entzündungswidrig.

Thymian in Küche, Heilkunde und Bad

«Bouquet garni», «fines herbes», «herbes de Provence» ohne Thymian – undenkbar: das kräftig duftende Kraut, das sein Aroma auch im getrockneten Zustand nicht verliert, hat die Mittelmeerküche, vor allem die französische, fest im Griff. Von Fisch, Wild und Lamm, in Öl eingelegten Pilzen über Pot-au-feu, Terrinen und Ratatouille bis zu Likören und Desserts reicht seine lukullische Bandbreite. Und die Blüten, natürlich essbar, machen sich hübsch auf einem Antipasti-teller. Zu kleinen Sträusschen gebündelt, aufgehängt und getrocknet ist Thymian das ganze Jahr über zur Hand. Das desinfizierende Thymol konserviert (z.B. gepresste Pflanzen), schützt Papier vor Schimmel, und ein Sträusschen in der Vorratskammer verscheucht Ungeziefer. Schon die Ägypter bedienten sich dieser Vorzüge bei der Einbalsamierung ihrer Toten. Die Römer verwendeten Thymian im Bade, um Melancholie, Schüchternheit und Alpträume zu vertreiben. Tatsächlich vermag ein Thymianbad Geist und Sinne aufzurichten und hat einen höchst erfreulichen Effekt nebenbei: einen guten Schutz vor Erkältungen.

In Thymian baden

Thymian im Bade wirkt über die Haut. Seine antibakteriellen Essenzen haben sich auch bei häufig erkälteten Kindern sehr bewährt. Selbst die Erkältungsanfälligkeit von Babies lässt sich damit deutlich senken.

Für ein **Thymianvollbad:**
1 Handvoll getrocknete, entstielte oder 2 Handvoll frische Thymianblättchen in einem Gefäss mit *1 l kochendem Wasser* übergiessen, 5-10 Min. ziehen lassen, abseihen und ins heisse Badewasser geben. Für Kleinkinder wird die Thymianmenge auf etwa ein Drittel reduziert.

Ein **wärmendes Erkältungsbad** hilft bei akuter Erkältung und Grippe. Entweder besorgen Sie sich folgende Kräutermischung getrocknet in der Drogerie oder Apotheke oder frisch aus dem Garten:
20 g Thymianblätter
20 g Kamillenblüten
20 g Lavendelblüten
20 g (Wilde) Majoranblätter
20 g Melissenblätter

Bereiten Sie mit *1 Handvoll der trockenen* oder *2 Handvoll der frischen Kräutermischung* wie nebenstehend das Bad zu. Nach dem 10-20 minütigen Bad sollten Sie sich Ruhe im warmen Bett gönnen, einen Erkältungstee trinken und Echinaforce einnehmen. Im akuten Fall das Bad täglich, zur Vorbeugung in regelmässigen Abständen anwenden.

St. Petersfisch mit Kräutern

1 St. Petersfisch (800 g – 1kg)
2 Knoblauchzehen
3 Zweige Thymian
1 Zweig Rosmarin
1 Stengel Basilikum
1 Stengel Estragon
Salz, weisser Pfeffer
2 EL Vollkornmehl
4 EL Olivenöl, (50 g Butter)
Den ausgenommenen, gewaschenen und trockengetupften St. Pierre mit Knoblauch und Kräutern füllen. Fisch salzen, pfeffern und mit Mehl bestäuben, in heissem Öl von jeder Seite 3-5 Min. anbraten.

Besonders delikat wird der Fisch, wenn man das Öl abgiesst, die Butter in der Pfanne zerlässt, bis sie schaumig ist, und über den Fisch träufelt. Mit Thymianzweigen und Zitronenscheiben garnieren.

Wermut

Der Wermut hatte in der langen Geschichte, seit man ihn kennt, viele Namen: Absinth ist der bekannteste und verrufenste, Wolfszauber der geheimnisvollste, Grabkraut der makaberste, Wurmtod der radikalste, Magenkraut der treffendste und Gottvergiss der himmeltraurigste.

Die zu den Korbblütlern, den Compositae, gehörende Pflanze ist in ganz Mitteleuropa und in Teilen Asiens zu Hause und liebt warme, sonnige Plätze. Geerntet werden die obersten frischen Triebe, die Wermutspitzen, und zwar von Juli bis September. Blätter und Blütentriebe verwendet man meist getrocknet für Tinkturen, Tee, Wein und Pulver.

Artemisia absinthium ▶ Artemis, gr. Göttin der Jagd; lat. absinthium: Wermut, Absinth (pers. apsíntos, Vergnügen, oder gr. apinthos, untrinkbar).
Der deutsche Name Wermut geht auf die wärmende, wurmtreibende Kraft der Pflanze zurück.

Wermut, tropfenweise!

In der griechischen Mythologie war Artemis eine gütige, aber auch grausame Gottheit. Gütig und grausam – so zeigen sich die beiden Seiten des Wermuts. Die eine wurde zu allen Zeiten als Magen- und Verdauungsmittel gerühmt und wirkt als Teeaufguss bei Appetitlosigkeit, Völlegefühl, Magenübersäuerung, Sodbrennen und wurde auch bei Wurm- bzw. Parasitenbefall eingesetzt. «Willst du von Ungeziefer gesichert sein, so tauche dein Hemd in einem Absud von Wermut und Hufabschnitzeln von Pferden in halbverdünnter Lauge und lasse es trocknen: so kommt dir keine Laus hinein», weiss ein «Kriegsarzneibüchlein für den Dreissigjährigen Krieg» zu berichten.

Die andere, die Schattenseite, war zu allen Zeiten berüchtigt und ist heute in verschiedenen Ländern verboten: Der Absinth, das aus der Artemisia absinthium gewonnene Alkoholgetränk, schädigt das Nervensystem und erzeugt Halluzinationen, wenn man es längere Zeit und zu hoch dosiert einnimmt. Deshalb darf man Wermut nur in kleinen, wohldosierten Mengen zu sich nehmen.

Wermut in der Hausapotheke

Was nicht bitter ist, nützt nichts. Diese Magen-kräuterfaustregel gilt auch für den Wermut, dessen Tropfen man als die sprichwörtlich bittere Pille schluckt. Bei Magenbeschwerden, Völlegefühl, Leber- und Gallenbeschwerden hat der bitter-herbe Wermut einen ausgezeichneten Ruf. Seine Bestandteile sind u.a. ätherische Öle, Absinthin, Gerb- und Bitterstoffe sowie die Vitamine C und B6. Pfarrer Kneipp schätzte den Wermut als Magenmittel über alles. Er schreibt: «Man wird wohl kaum ein besseres Magenmittel finden als den Wermut.» Und auch «gegen den Geruch aus dem Munde, wenn er vom Magen ausgeht, wirkt der Wermut vortrefflich.» In der Küche verwendet man die Pflanze viel seltener als in der Hausapotheke. Von Kennern wird er zu fettem Fleisch, Wild und Eintöpfen als aromatische Beigabe in kleinsten Mengen mitgekocht. Mit einem Wermutzweig kann man auch gut einen Wein würzen. Schwangere und stillende Frauen sollten auf den kräftigen Wermut jedoch ganz verzichten, auch auf Wermuttee.

Schädlingsbekämpfung

Als Insektenvertreiber ist eine Wermutstaude im Garten Gold wert. Mücken, Erdflöhe und Ameisen nehmen Reissaus. Wer im Garten eine Ecke findet – sie darf ruhig steinig und unwirtlich sein –, der sollte ein paar Wermutpflanzen ziehen. Allerdings will das Plätzchen gut gewählt sein: Nicht nur Schädlinge, auch Nützlinge, z.B. Regenwürmer, meiden das Kraut.

Der A. Vogel Tip
Gegen Völlegefühl nach dem Essen hilft eine Tasse **Wermuttee**. 1 Prise getrocknetes Kraut pro Tasse mit kochendem Wasser übergiessen und 5-10 Min. ziehen lassen. Zur Geschmacksverbesserung kann man dem Aufguss 1 Prise Pfefferminzkraut beigeben. Der Tee regt Magen, Leber und Galle an, und macht, vor dem Essen in kleinen Schlucken getrunken, Appetit.

Süsser «Wermutstropfen»

1 Handvoll getrockneter Wermutspitzen
ein paar getrocknete,
rote Rosenblätter
6 Prisen Zimt
400 g Honig
1 l Weisswein
Alle Zutaten in den Wein geben, verrühren. Bei Zimmertemperatur eine Woche stehen lassen, filtrieren. Nach dem Essen 1 EL als Verdauungshilfe einnehmen – aber nie daraus eine Gewohnheit machen!

Tee gegen Appetitlosigkeit

20 g Wermutkraut
20 g Zimt
10 g Enzianwurzel
20 g Kalmuswurzel
20 g Pfefferminzblätter
10 g Tausendgüldenkraut
1 Prise mit *1 Tasse Wasser* kurz aufkochen und 5 Min. ziehen lassen. 1 Woche lang tägl. mittags und abends 1 Tasse ½ Stunde vor dem Essen schluckweise trinken.

Wurmpulver

3 Prisen Wermutkraut
3 Prisen Lakritzepulver
½ Prise Anispulver
2 Prisen dieser Mischung 1 Woche lang morgens auf nüchternen Magen zusammen mit Dörrpflaumen einnehmen. Die Kur nach 2 bis 3 Wochen wiederholen.

Ysop

Nicht nur sehen, sondern auch riechen muss man den feingliedrigen Ysop. Die kleinen, 30-60 cm hohen Halbsträucher mit ihren purpurroten bis blauvioletten Blüten und lineal lanzettförmigen, gegen vorne etwas eingerollten Blättern verströmen einen frischen, belebenden Geruch, zieren den Garten und bezirzen Schmetterlinge und Bienen.

Das Kloster- oder Josephskraut, wie der zu den Lippenblütlern (Lamiaceae) gehörende Ysop auch heisst, stammt ursprünglich aus dem Mittelmeerraum. Er ist nicht nur eine von Insekten umschwärmte Zierstaude, sondern auch eine altbekannte Gewürz- und Heilpflanze, die sich gut im Garten ziehen lässt. Von dort bringt der Ysop, wenn er genügend Sonne erhält, den ganzen Sommer über frisch duftende Freude ins Haus. Er blüht von Juni bis Oktober; geerntet wird entweder das ganze Kraut oder die Blüten und Blätter einzeln, die man im Schatten trocknet.

Hyssopus officinalis ▶ hebr. ezob oder arab. azzof: heiliges Kraut; lat. officinalis, heilkräftig.

Heiliges Hustenkraut

«Besprenge mich mit Ysop, dann werde ich rein! Wasche mich, dann werde ich weiss wie Schnee», heisst es im 51. Psalm, einer der zahlreichen Stellen in der Bibel, an denen der Ysop erwähnt wird. Die Pflanze, die kurz vor der ersten Jahrtausendwende von Mönchen nach Europa gebracht wurde, stand immer schon im Ruf, mit ihrer Reinheit Krankheiten fernzuhalten. Der Kirchenseppli, wie der im Frühchristentum als Weihwasserwedel verwendete Ysop im Volksmund auch heisst, besitzt eine Reihe von Wirkstoffen, die zähen Schleim lösen und den Rachen reinigen. Der Gehalt an ätherischem Öl macht den Ysop bei chronischer Bronchitis, Katarrh und Asthma so wertvoll. Auch bei Nieren- und Blasensteinbildung und bei Weissfluss soll das «reinigende» Kraut helfen.

Der A. Vogel Tip
Bei Quetschungen und offenen Wunden beschleunigen Umschläge und Wickel aus zerquetschten Ysop- und Malvenblättern die Heilung.

Ysop in Küche und Heilkunde

In der Küche mag es das zarte Pflänzchen ziemlich deftig – vielleicht der Grund, warum es in unserer zunehmend vegetarischen Gesellschaft spärlich im Gebrauch ist. Denn Ysop gesellt sich gern zu Pfeffer, Lorbeer und Wacholder in die Wildbeize oder zu Kalb, Rind, Schwein und Lamm in den Bratentopf. Schon Hildegard von Bingen hat das Kraut wärmstens empfohlen, da es «das krankmachende und stinkende Aufschäumen der Säfte» reinige und, wie wir heute wissen, fette Speisen besser verdauen hilft. Besonders in Verbindung mit Huhn hat es Ysop der Äbtissin angetan: «Wenn die Leber eines Menschen vor Traurigkeit krank wird, soll er Hähnchen mit Ysop kochen, noch ehe die Krankheit in ihm überhand genommen hat, und soll den Ysop samt den Hähnchen oft essen. Auch frischen Ysop, in Wein gelegt, soll er oft verspeisen und auch diesen Wein trinken.» Hildegard zum Trotz sollte Ysop massvoll genossen werden. Das gilt sowohl für Tee, Pulver, Sirup, Tinktur, Essenz, Likör und Wein, als auch für die Küche, wo er nebst Fleisch auch Salaten, Suppen und Eintöpfen eine Geschmacksnote zwischen Thymian und Salbei verleiht.

Ysop-Wein

1 Handvoll getrocknete Ysopblüten und -blätter in *1 l Medizinal-Malaga* 1 Woche lang ansetzen, gelegentlich schütteln und dann filtrieren. Bei Verdauungsstörungen 1 Gläschen nach dem Essen.

Erdbeerwein mit Kräutern

250 g Erdbeeren
3 Stengel frische Zitronenmelisse
1 frischer Rosmarinzweig
1 frischer Ysopstengel
1 Flasche fruchtiger Rosé
Mineralwasser nach Belieben
Beeren in Scheiben schneiden und in ein sterilisiertes Glasgefäss füllen, Kräuter leicht zusammendrücken und dazugeben, mit dem Wein übergiessen. Glas verschliessen, kräftig schütteln und 2 Tage an einem dunklen, kühlen Platz stehenlassen, zwischendurch schütteln. Danach Erdbeerwein filtrieren und in eine sterile Flasche füllen, im Kühlschrank aufbewahren. Mit Mineralwasser verdünnt oder pur eine Köstlichkeit.

Husten- und Schwitztee

Je 3 TL getrocknetes Ysopkraut, Linden- und Holunderblüten mit *1 l kochendem Wasser* überbrühen, 15 Min. ziehen lassen, abseihen und 3-4 Tassen über den Tag verteilt und vor dem Schlafengehen trinken. Hilft bei Husten und Nachtschweiss.

Ysop-Aromaöl

3 Tropfen ätherisches Ysopöl in eine Duftlampe oder in heisses Wasser geben: Ysopessenz wirkt inspirierend und ist zugleich eine sanfte Unterstützung bei Erkältungen.

Träufelt man ein paar Tropfen ätherisches Ysopöl auf eine **Kompresse** und legt diese auf blaue Flecken (Hämatome/Blutergüsse), Schnitt- und Schürfwunden, wird die Heilung schneller eintreten.

Bunter Ysop-Salat

2 TL frischer Ysop
2 TL Apfelessig
3 TL Zitronensaft
2 Prisen Salz
2 Msp. Pfeffer
3 TL Quark
3 TL kaltgepresstes Olivenöl
300 g Zucchini in Würfeln
1 Fenchel, in Streifen geschnitten
200 g Kopfsalat
3 Tomaten, in Würfeln
1 Handvoll ganze Ysopblätter
Einen kleinen Teil der Ysopblätter kleinhacken, mit Essig, Zitronensaft, Salz und Pfeffer vermischen, Quark und Öl beigeben. Zucchiniwürfel und Fenchelstreifen hinzufügen, ½ Std. marinieren. Dann mit Kopfsalat, Tomatenwürfeln und den ganzen Ysopblättern anrichten.

Zitronenmelisse

*F*ür Paracelsus war die Zitronenmelisse oder einfach Melisse «von allen Dingen, die die Erde hervorbringt, die beste Pflanze für das Herz». Auch für Hildegard von Bingen und viele andere Kräuterkundige des Mittelalters war nicht daran zu rütteln: Das aus dem westasiatischen und dem östlichen Mittelmeerraum stammende Bienenkraut ist ein «gar edel Kraut gegen all Hertzkrankheiten/ wie sie Namen haben mögen».

Die nesselähnliche, zur Familie der Lippenblütler (Labiaceae) gehörende Melissa officinalis wächst auf humusreichen Böden und gedeiht, wenn sie genügend Wärme hat, problemlos bei uns im Garten. Die jungen, oberen Triebe kann man mit den Blüten von Frühjahr bis Herbst ernten; im Juni, kurz vor der Blüte, ist der Gehalt an ätherischen Ölen und Aromastoffen am höchsten.

Melissa officinalis ▶ gr. Melissa: Biene; lat. officinalis: heilkräftig.

Der A. Vogel Tip
Die Wirkstoffe der Zitronenmelisse kommen in einer ganzen Reihe von A.Vogel-Mitteln zur Geltung: z.B. in den Gemütsverstimmungstropfen **Hyperiforce**, im Magenmittel **Gastrosan** und im Herztonikum **Cardiaforce** (alle drei nur in CH erhältlich). Ausserdem gibt es die Melisse, die auch Bestandteil des A.Vogel **Genusstees** ist, als reine Tinktur (**Melissa off. Ø**).

Beruhigender Herztrost
Nur wenige Pflanzen üben auf den Menschen eine so trostreiche, beruhigende Wirkung aus wie die Zitronenmelisse. Überall, wo Herz und Nerven Ruhe brauchen, unruhige Träume besänftigt, innere Spannungen, ja sogar Melancholie gelöst werden sollen, ist der Herztrost das traditionelle Heilkraut. Es wirkt ausgleichend auf Körper und Geist, entkrampfend und wohltuend auf Magen und Darm, und hilft, wie das Johanniskraut, die «schwarze Galle», wie man im Mittelalter depressive Verstimmungen nannte, zu vertreiben. Im Volksmund heisst es denn auch treffend Lebenselixier, Herztrost, Herzkraut, Herzenswonne oder Nervenkraut. Ein allerliebstes Pflänzchen, das zudem mit Herpes simplex fertigwerden kann: einfach ein paar Tropfen Melissenöl oder -salbe auf Fieberbläschen (Lippe, Nase, Genitalien) tupfen.

Melisse in Heilkunde, Küche und Bad

Als Heil- und Gewürzpflanze ist die Melisse Blatt für Blatt ein Klassiker. Unschlagbar ist ihre «spirituelle» Form, seit Karmeliter-mönche die streng geheimgehaltene Rezeptur hinter Kloster-mauern ersonnen haben: 3-4 Tropfen **Melissengeist** in etwas Wasser eingenommen oder auf ein Stück Würfelzucker geträufelt – und schon beruhigen sich die Gemüter und verziehen sich aller-hand Wehwehchen. Bei Kopfschmerzen und Muskelverspannungen kann man den Geist aus der Flasche auch zum Einreiben ver-wenden. Kaum weniger bekannt ist der Melissentee, der solo oder vereint mit anderen Kräutern, wie Baldrian, Lavendel, Salbei oder Hopfen, mit Honig gesüsst, heiss oder kalt getrunken werden kann. In Küche und Bad schliesslich ist das Kraut ebenfalls recht begehrt: für Obst- und Blattsalate, Quark- und Eierspeisen, Fisch- und Geflügelgerichte, Sirup und Essig sowie für Badezusätze, Crèmes, Shampoos, Gesichtswasser, Duftschalen und Kräuter-kissen. Und nach alter Bauernregel soll kaum etwas die Milchpro-duktion der Kühe so anregen wie die Blätter der Melisse.

Melon aux mûres et mélisses

Melisse verträgt sich mit all den Früchten besonders gut, die mit Zitronenaroma har-monieren, z.B. Zwetschgen-kompott oder Orangen, in Honig und Grand Marnier eingelegt. Ausserdem kann man mit Melissenblättern Nachspeisen sehr wirkungs-voll dekorieren. Eine Köst-lichkeit für sich, schnell zubereitet, ist im Hochsom-mer ein Melonencocktail, der hervorragend zu einem Glas Portwein als Aperitif passt:
½ Gala-Melone
½ Netzmelone
250 g Brombeeren
½ EL Zitronensaft
½ EL Honig
1 EL feingeschnittene, frische Melissenblätter
12 ganze Melissenblätter
Zitronensaft, kleingeschnit-tene Melisse und Honig ver-rühren, über ausgestochene Melonenbällchen und Brom-beeren geben, 1 Std. kalt-stellen, in Glasschalen füllen und mit kleinen, ganzen Melissenblättern verzieren.

Melissenwasser

1-2 Handvoll frische, geschnittene Melissenblätter
Schale von 1 ungespritzten Zitrone
1 TL Koriander, zerstossen
1 Prise Muskatnuss
1 zerkleinerte Zimtstange
in *1 l Trinkfeinsprit (70%)* ansetzen, 1 Woche ziehen lassen, mehrmals schütteln, filtrieren. Bei gereizten Ner-ven, Verdauungs- und Ein-schlafstörungen 15-20 Tropfen in etwas Wasser einnehmen.

Melissenessenz

5 Tropfen ätherisches Melis-sen-, 3 Tropfen Wacholder-, je 2 Tropfen Salbei- und *Thymianöl* in eine Duftlampe oder ins Badewasser geben. Eine sanfte, aufbauende Be-handlung strapazierter Atem-wege und Nerven.

Auberginen an Melissenmousse

2 Auberginen
Olivenöl zum Braten
4 Knoblauchzehen
1-2 Zitronen
1 Avocado
3 EL frische Melisse
1 TL (Zitronen-)Thymian
weisser Pfeffer, Kräutersalz
Auberginen in 1 cm dicke Scheiben schneiden, salzen, mit Zitronensaft beträufeln, 1 Std. ziehen lassen. Avocado schälen, in Stücke schneiden und mit Knoblauch, 2 EL Zitronenmelisse, Thymian, dem Saft von ½ Zitrone, Salz und Pfeffer pürieren. Zuge-deckt kaltstellen. Auberginen in heissem Öl braten und Avocado-Melissen-Schaum dazu servieren. Mit der rest-lichen Zitronenmelisse gar-nieren.

Baldrian

*D*ie zur Familie der Baldrianangewächse (Valerianaceae) gehörende Pflanze ist in Mittel- und Nordeuropa sowie in weiten Teilen Asiens zu Hause und wächst mit Vorliebe wild an Bachufern und Waldrändern. Die heilkräftigen Wurzeln des Echten Baldrians, der bis anderthalb Meter in die Höhe wachsen kann und in den Monaten Juni bis August blüht, können vom zweiten Jahr an im Spätherbst ausgegraben werden. Zum Trocknen werden die blassen Faserwurzeln entfernt und der kurze, dicke Wurzelstock in Scheiben geschnitten. Praktisch der gesamte Nutzwert befindet sich im Wurzelstock der Pflanze, die man auch Stinkwurz, Mond- und Rattenwurzel, Katzen-, Vieh- oder Hexenkraut nennt. Nicht einzelne Stoffe, sondern alle zusammen besitzen jene zuverlässige, besänftigende und beruhigende Kraft, die den Baldrian so wertvoll macht.

Valeriana officinalis ▶ lat. valere: sich wohl fühlen, gesund sein.
Der deutsche Name Baldrian geht auf den altgermanischen Lichtgott Baldur zurück, der tapfer, milde und schön gewesen sein soll.

Baldrian in Hameln

Ob der Rattenfänger von Hameln nur zum Schein gepfiffen und die Ratten in Tat und Wahrheit mit Hilfe der Baldrianwurzel weggelockt hat? Sicher ist, die Wurzel wird auch heute noch in Rattenfallen verwendet, und zwar mit soviel Erfolg, dass an der mittelalterlichen Wandersage vom «baldrianbewehrten» Rattenfänger also durchaus etwas dran sein könnte. Die Baldrianwurzel soll Ratten, Regenwürmer und allerhand Ungeziefer etwa so anziehen wie das Licht Motten. Und dass Katzen auf Baldrian stehen, kann jeder selbst überprüfen: es funktioniert immer. Er wirkt auf Kätzinnen und Kater erregend und verschafft ihnen buchstäblich Frühlingsgefühle. In der Tierheilkunde kennt man das «Viehpulver» auch bei grösseren Kalibern. Die Wurzeln werden Tieren in Haus und Stall bei Krämpfen aller Art, Verdauungsstörungen, kolikartigen Gasstauungen und zur Förderung der Fresslust verordnet.

Baldrian in Heilkunde, Bad und Garten

Ob Kelten und Germanen, nordamerikanische Indianer und chinesische Barfussärzte, gelehrte Griechen, Römer und die Kräuterdoktoren der alten und neuen Zeit: Baldrian wurde als grosses Heilmittel verehrt – und hat sich durch den Studiendschungel der modernen Phytotherapie hindurch in unsere Zeit gerettet. Erwiesen ist: Er wirkt auf die Grosshirnrinde und das vegetative Nervensystem ausgesprochen beruhigend und entspannend, ohne dass er die Konzentrationsfähigkeit einschränkt. Die Wurzeln entfalten ihre sedative und krampflösende Wirkung besonders bei nervöser Erschöpfung und geistiger Überanstrengung. Allerdings sollte man sich nicht auf Dauer an den beruhigenden Baldrian gewöhnen, sondern vielmehr dafür sorgen, dass nervenaufreibende Strapazen kein Dauerzustand sind.

Schlaf- und Nerven-Tropfen

30 g Baldrianwurzel
30 g Hopfen
20 g Melissenblätter
10 g Orangenblüten
10 g Lavendelblüten
Die getrockneten Kräuter in *½ l Trinkfeinsprit* (70 % Alkohol) ansetzen, verschliessen. Mehrmals am Tag gut durchschütteln, nach 3-4 Tagen filtrieren und in Tropfenflaschen abfüllen. Bei Einschlafstörungen und nervöser Erregung 15 Tropfen in wenig Wasser einnehmen.

Der A. Vogel Tip
Eine vorzügliche schlafspendende Wirkung besitzen die **Dormeasan N** Schlaf-Tropfen (in D: **Dormeasan** Kapseln) aus Baldrianwurzeln und Hopfenzapfen. Ein- und Durchschlafstörungen, nervöse Unruhe und Reizbarkeit können damit auf sanfte Art behoben werden. Sind diese, an sich leichten, Beschwerden anhaltender Natur, sollte man den Arzt aufsuchen.

Baldrianbad

100 g getrocknete, zerkleinerte Baldrianwurzeln mit *1 l Wasser* einige Min. leicht kochen und 5 Min. ziehen lassen, dann abseihen und dem Badewasser beigeben: ein entspannendes Vollbad.

Angenehm ist es auch, das Gesicht mit dem Absud der Baldrianwurzel zu spülen.

Baldrianöl wird übrigens als Duftstoff für Seifen und «Wald»- und «Moos»-Düfte verwendet.

Baldrian im Garten

Um Pflanzen gegen Nässe und Kälte widerstandsfähiger zu machen, die Blütenbildung anzuregen und Gemüse schneller gedeihen zu lassen, soll es nichts Besseres geben als Baldrianblütensaft. Frische Blüten im Juni sammeln, zerquetschen, mit Wasser befeuchten, in ein Tuch wickeln und den Saft einige Zeit ziehen lassen. Dann auspressen, in Flaschen abfüllen und dem Giesswasser einige Tropfen beigeben.

Bibernelle

Die unter den volkstümlichen Namen Steinpetersilie, Bock- oder Pfefferwurz bekannte Bibernelle oder Pimpinelle gehört botanisch zur Familie der Doldengewächse, der Apiaceae (Umbelliferae). Man unterscheidet zwischen der Kleinen Bibernelle, der Pimpinella saxifraga, und der Grossen, der Pimpinella major, die bei uns seltener vorkommt. Beide sind praktisch die einzigen in Europa heimischen Vertreter der artenreichen Pimpinella-Familie, die in Asien zuhause ist.

Die von Juni bis Oktober blühende Kleine Bibernelle mit ihren auffälligen weissen, in höheren Lagen rötlichen Blütendolden trifft man recht häufig auf trockenen Magerwiesen, in lichten Wäldern, auf Ödland mit steinigem,

lockerem Boden und an sonnigen Hängen bis auf 2000 m Höhe an. Die Wurzeln der manchmal über einen Meter hohen Pflanze erntet man im Herbst oder zeitig im Frühjahr.

Pimpinella saxifraga ▶ Pimpinella, Deutung ungeklärt. Manche Sprachwissenschaftler vermuten den Ursprung im lat. piper, dt. Pfeffer, weil die Wurzel einen brennend würzig-scharfen Geschmack auf der Zunge hinterlässt. Lat. saxifraga: steinbrechend, in Felsritzen wachsend.

Der A. Vogel Tip 1
Bronchosan Husten-Tropfen (nur in CH) enthalten u.a. die Heilkraft der Bibernelle. Sie helfen bei Husten infolge von Erkrankungen der oberen Luftwege, Bronchitis und grippalen Infekten sowie Reizhusten. Sie fördern den Auswurf, lösen den Schleim, mildern den Hustenreiz und wirken entzündungswidrig.

«Iss Knoblauch und Bibernell, so wirst du alt und stirbst nicht schnell.»

So lautet ein altes Sprüchlein, das zu Zeiten unserer Urgrossväter Erdmännlein und Vögel gerufen haben sollen. Das ist kein Wunder: Die Bibernelle stand schon im Mittelalter als Schutzmittel gegen ansteckende Krankheiten wie Pest, Cholera, Ruhr, Bandwurm oder Viehseuchen hoch im Kurs. Als steinlösendes Mittel hat die Bibernelle in frühen Kräuterbüchern ebenfalls hohes Ansehen genossen: «Bibernell ist ein recht stein gewächß, denselbigen zermalen und auß zu treiben», heisst es z.B. 1551 bei Hieronymus Bock. Heute geht man mit der Heilkraft der Bibernelle strenger ins Gericht. Was unterm Strich übrigbleibt, ist ihre Funktion als Husten- und Halswehkraut.

Bibernelle in der Heilkunde

Die Zeiten, als neben der Wurzel auch Kraut und Samen der Bibernelle verwendet wurden, sind längst vorbei. Heute weiss man aus chemischen Analysen, dass es Pimpinellae radix, die verzweigte, dicke Pfahlwurzel der Bibernelle, ist, von der die Heilwirkungen ausgehen. Sie enthält ätherische Öle, das Cumarinderivat Pimpinellin und Saponine. Bei Entzündungen der oberen Luftwege wie Heiserkeit, Hals-Rachenentzündung, Angina und Bronchitis findet die Binbernelle sowohl innerlich als auch äusserlich Verwendung. Frauen, die zu wenig Muttermilch für ihre Neugeborenen hatten, legten früher ein paar Bibernellwurzeln auf die Brust, worauf angeblich die Milch nach sechs bis acht Stunden kräftig einschoss. Es gibt heute zwar andere Mittel, doch ein Versuch könnte im Bedarfsfall sicher nicht schaden. Dass die Bibernelle auch in der Küche kleine Akzente setzen kann, mag erstaunen, ist sie doch nahezu aus allen modernen Kochbüchern verschwunden. Das frische Kraut (nicht die Wurzeln) kann man ohne weiteres als Frühlingsgemüse und -suppe zusammen mit Löwenzahn, Bärlauch, Sauerampfer oder Brunnenkresse zubereiten. Die Wurzel findet gelegentlich in der Likörherstellung Verwendung.

Bibernellentee und -wein

1 TL zerhackte, getrocknete Bibernellwurzeln mit *1 Tasse Wasser* 5 Min. leicht kochen lassen, 5 Min. ziehen lassen, dann abseihen. Bei Heiserkeit, Husten und Katarrh täglich 3mal 1 Tasse mit *1 TL Honig* gesüsst trinken. Mischt man die Bibernellwurzeln zur Hälfte mit Holunderblüten, wird die Wirkung noch verstärkt.

Ein altes Rezept sieht eine gänzlich andere Art der Teezubereitung vor: *1 TL Wurzeln* werden mit *1 Glas Wein* 8 Std. kalt angesetzt, dann seiht man den Wein ab. Der Wurzelrückstand wird mit 1 Tasse kochendem Wasser überbrüht und nach 10 Min. ebenfalls abgeseiht. Tee und **Wein** dann vermischen und mit *1 EL Honig* süssen.

Namenszauber

Der lateinische Name der Bibernelle, Pimpinella saxifraga, könnte dazu verführen, sie mit der Gartenpimpinelle zu verwechseln, die ihrerseits auf lateinisch Sanguisorba minor heisst. Ausser dass die eine auf deutsch so heisst wie die andere auf lateinisch, haben sie aber nichts miteinander zu tun, abgesehen davon, dass die zu den Rosengewächsen gehörende Gartenpimpinelle, die auch Kleiner Wiesenknopf heisst, als Küchengewürz und Salatbeigabe keineswegs zu verachten bzw. vielseitiger ist als ihre Namensvetterin.

Der A. Vogel Tip 2

Sänger aufgepasst! Bibernellwurzeln haben eine ausgezeichnete Wirkung auf leidende Stimmbänder und Schleimhäute, wenn sie von Katarrh, Husten und Heiserkeit geplagt werden.

Die Therapie ist denkbar einfach: einige getrocknete Bibernellwurzeln tagsüber kauen, sobald sich irgendein Kratzen im Hals oder ein beginnender Katarrh bemerkbar machen. Die Stimme wird daraufhin wieder klar und der Schaden im Vorfeld behoben. Allerdings schmecken die Wurzeln der kleinen Bibernelle nicht gerade gut.

Auch Bibernelltee, mit dem man zugleich gurgeln kann, verschafft Abhilfe.

Engelwurz

Die Engelwurz, der ihrem lateinischen Namen Angelica archangelica zufolge ein Erzengel zur Seite steht, ist eines der wenigen ursprünglich aus dem hohen Norden (Island, Grönland, Skandinavien, Sibirien) stammenden Heil- und Gewürzkräuter. Nach Mitteleuropa kam sie vermutlich im 14. Jahrhundert.

Über zwei Meter hoch kann das zu der grossen Familie der Doldenblütler gehörende Kraut werden. Diese Riesin blüht von Juni bis August; Blätter und Blüten erntet man vor der höchsten Blüte, die Samen im Spätsommer und die Wurzeln im Frühjahr oder Spätherbst. In der Medizin verwendet man vor allem die Wurzeln.

Die Engelwurz wächst bei uns an kühlen, feuchten Orten, in Flussauen, auf Wiesen und in Wäldern oder auch am Rand eines Gartenteichs. Sammelt man als Laie diese Pflanze wild, sollte man wissen, dass sie mit anderen, zum Teil sehr giftigen Doldengewächsen verwechselt werden kann, zum Beispiel mit dem hochgiftigen Schierling, dem Riesenkerbel oder Rosskümmel.

Angelica archangelica ▶ lat. angelus: Bote, Engel; lat. archangelus: Erzengel. Der Pflanze wurde besondere Heilkraft gegen Gifte zugeschrieben.

Der A.Vogel Tip 1
Engelwurz in den **Gastrosan** Magen-Tropfen enthalten, die bei Verdauungsstörungen wie Druckgefühl im Magen, Völlegefühl, leichten Magenkrämpfen und Appetitlosigkeit verwendet werden.

Geschützter Engel

Im Mittelalter wurde die Engelwurz in Klostergärten gerne kultiviert, da sie als wirkungsvolles Mittel gegen die Pest galt. Ausserdem wurden ihre verdauungsfördernden und krampflösenden Eigenschaften so sehr geschätzt, dass die Pflanze als Magen- bzw. Schwedenbitter und Wein zu Berühmtheit gelangte und ihr, wie das so ist, zahlreiche Anekdötchen über ihre wundersamen Heilkräfte angedichtet wurden.
In Island, heisst es zum Beispiel, soll die geschätzte Angelika per Gesetz vor diebischem Ausgraben auf fremdem Boden geschützt worden sein. Gesetzlicher Pflanzenschutz – und das bereits im 12. Jahrhundert!

Engelwurz in Küche und Hausapotheke

Verdauung, Blähungen, Migräne, Menstruationsbeschwerden, Rheuma…: das Anwendungsspektrum der Engelwurz ist breit. Ein guter Magen-Darm-Tee lässt sich bereiten, indem man Blätter und Samen mit heissem Wasser überbrüht. Der Übergang von der Küche zur Heilkunde verläuft bei der Engelspflanze fliessend. Das ist schon aus der Fülle alter Klosterrezepte ersichtlich: z.B. für den «Chartreuse»-, «Bénédictine»- und den «Vespétro»-Likör. Als bitteres Kraut ist die Engelwurz, das u.a. ätherische Öle, Cumarin, Gerb- und Bitterstoffe enthält, eine Grundlage alkoholischer Aperitifs, die das Verdauungssystem beleben, was wohl auch den Mönchen gefallen hat. Als Küchenkraut ist sie zu unrecht in Vergessenheit geraten: die geschnittenen Blätter passen mit ihrem würzig-süssen, apfelähnlichen Geschmack zu Saucen, Salat, Fisch oder Obstdesserts.

Angelika-Bäder

Bei Rheuma tut ein Engelwurz-Bad gut. *1 Handvoll getrocknete, geschnittene Wurzeln* (oder *1 Handvoll frische, geschnittene Wurzeln und 2 Handvoll frische, geschnittene Blätter*) mit ca. *2 l Wasser* zum Kochen bringen und 10 Min. zugedeckt ziehen lassen. Abgesiebt ins Badewasser geben bzw. ins Fuss- oder Handbad (dann nur einen Teil des Absuds).

Der A. Vogel Tip 2

Gegen Blähungen und Verdauungsschwäche ist der **Angelika-Likör «Vespétro»** ein gutes Mittel.
60 g Engelwurzsamen oder geschnittene Wurzeln
8 g Fenchelsamen
8 g Anissamen
6 g Koriandersamen
werden leicht zerstossen und in 200 g reinem Alkohol (Trinkfeinsprit) angesetzt. Nach 8 Tagen werden 300 g Honig in 1-1$\frac{1}{2}$ l Wasser aufgelöst und mit der vorher durch ein Tüchlein oder durch Watte filtrierten Alkohollösung vermengt.

Grossmutters süsse Leckerei

Eine kleine süsse Sünde sind die kandierten Engelwurzstengel zwar schon, aber so bekannt – vielleicht gerade deshalb –, dass sie hier nicht fehlen sollten.

Einige hohle Blüten- oder Blattstengel der blühenden Pflanze in 3-5 cm lange Stücke schneiden, waschen und in kochendem Wasser weichkochen. Abtropfen lassen und eventuell zähe Aussenhaut abziehen. Die Stücke wiegen und *gleiche Menge Kristallzucker (oder Honig)* schichtweise über die Stengel geben. Zugedeckt ziehen lassen, bis der Zucker flüssig ist (1-2 Tage), dann langsam erhitzen, bis fast die ganze Flüssigkeit verdampft ist. Mehrere Tage trocknen lassen. Die ideale Verzierung von (Früchte-) Kuchen oder Desserts.

Engelswein

1 l Medizinalmalaga (Wein) und *1 Handvoll frisch geschnittener Engelwurz-Wurzeln und gehackter Blätter* gut mischen und 2 Tage in der Küche stehenlassen. Zwischendurch einige Male gut schütteln und dann filtrieren. Täglich ein Glas davon vor dem Essen fördert Verdauung und Appetit auf angenehme Weise.

Hagebutte

Die Hagebutte, Hecken- oder Hundsrose ist die gewöhnlichste aller gewöhnlichen Rosen, sie ist sozusagen hundsgemein. Spass beiseite, der Hund kommt natürlich nicht von ungefähr: Der Name geht auf die frühere Bedeutung der Wurzelrinde als Mittel gegen die Bisse tollwütiger Hunde zurück. Ach ja, und Heckenrose, weil sie von Europa bis Asien fast an jeder (H)Ecke wächst. Dementsprechend gross und verzweigt ist ihre Familie, die der Rosengewächse (Rosaceae). Von ihr kennt man in Europa 30 meist wildwachsende Arten, weltweit sollen es über 8000 sein – zu ihnen gehören dann auch die edleren und edelsten aller wohlriechenden Pflanzengeschöpfe. Die Wildrosen, nicht edel, aber vitaminreich, schätzen lehmige Böden, blühen im Sommer, und ihre Früchte, die Hagebutten, sollen im Herbst geerntet werden, wenn sie gut ausgereift sind.

Rosa canina ▶ lat. rosa, Rose; lat. canis: Hund; Hagebutte ▶ helv. Hag, Hecke, Zaun; mhd. Butte: Wanne, Gefäss, Fässchen, Klumpen.
Der Name Hagebutte bezeichnet die Pflanze und die einzelne Frucht.

Rote Vitaminbömbchen

Neben der Hecken- ist es vor allem die Alpenhagrose, deren Vitamin-C-Gehalt beeindruckend ist. Um diesen nicht zu schmälern, sollte man die Früchte am besten roh verwenden. Die Zubereitung z.B. einer **Marmelade** ist deshalb etwas mühsam. Man geht wie folgt vor: Nach der Ernte werden die Hagebutten aufgeschnitten und alle Härchen und Kerne entfernt.

Danach werden sie zerhackt und vermust und mit Zucker, Honig oder Birnel verrührt. Die Mühe lohnt sich! Lange haltbar ist die Köstlichkeit jedoch nicht: 5-6 Tage im Kühlschrank wie alle roh gerührten Marmeladen. Dafür ist die geballte Kraft der Vitamine drin.

Der A. Vogel Tip

Vor allem in den Wintermonaten braucht der Körper viel Vitamin C. **Bio-C**, natürliche Vitamin-C-Tabletten, fangen den erhöhten Bedarf bei Erkältungsgefahr, Grippe, Infektionen, Rekonvaleszenz und Stress auf. Sie bestehen aus Fruchtextrakten der Acerolakirsche, Passionsfrucht, Sanddorn, Cassis, Hagebutte, Zitrone und aus Fruchtzucker.

Hagebutten in Küche und Hausapotheke

Das leuchtende Rot der Hagebutten sticht Wanderern im Herbst sofort in die Augen. Es handelt sich bei diesen «Beeren» um eine Scheinfrucht, d.h. eine Frucht, die nicht nur von den Fruchtblättern, sondern auch von Teilen der Blüte gebildet wird. In ihr steckt die ganze Vitaminkraft der Heckenrose, die man seit dem Altertum kennt und nutzt: in erster Linie als Erfrischungs-, Frühstücks- und «Grippetee», der mild abführend und harntreibend wirkt. Darüber hinaus kennen die Grossmütter mit Sicherheit noch die traditionelle Verarbeitung der Hagebutte zu Marmelade, Kompott, Sirup und Mus, das wiederum in süssen Suppen, Aufläufen, Baisers, Puddings und im Müesli verwendet wird.

Hagebuttenmark

Täglich 1 TL Hagebuttenmark deckt den gesamten Vitamin-C-Bedarf. Für die Zubereitung erntet man die Früchte der wilden Rose und lässt sie an einem trockenen, schattigen Ort weichwerden. Dann verarbeitet man die Butten mit der Hackmaschine zu Brei. Das rote Mark geht durch das Sieb, um die Kerne zurückzuhalten.

Diese rohe, Vitamin-C-reiche Paste kann man mit Bienenhonig oder gesüsstem Apfelmus verfeinern. Das Resultat ist Delikatesse und Naturapotheke in einem.

Die Rückstände (Kerne, Haut, restliches Fruchtfleisch) werden getrocknet und im Winter für den gesunden **Kernlitee** verwendet.

Weil sie so gut schmeckt, aber eben nicht so einfach herzustellen ist, gibt es auch **Hagebutten-Konfitüre** bzw. **Hagebutten-Fruchtzuckerkonfitüre** für Diabetiker fertig von A.Vogel im Handel (nur in CH).

Wildrose-Tomato-Jam

1 kg Hagebutten
500 g reife Tomaten
½ kg Rohrohrzucker, Fruchtzucker oder Honig je kg Mark
300 ml Wasser
Hagebutten über Nacht in Wasser einweichen und am nächsten Tag zusammen mit den Tomaten im Einweichwasser 10 Min. köcheln lassen. Durch die Fruchtpresse geben, abwiegen und entsprechende Menge Honig oder Zucker zugeben, 3 Min. einkochen. Heiss in Gläser füllen und verschliessen.

Hagebutten-Marmelade kann man auch gut mit Holunder, Birnen und Quitten kombinieren.

Hagebuttentee

Den besten und gesündesten Hagebuttentee stellt man aus dem Fruchtfleisch und den zerstossenen Kernen (auch Samen oder Nüsschen) selber her. Werden die Kerne mitverwendet, neutralisiert sich die Säure des Fruchtfleisches.

Pro Tasse Tee wird *1 TL Hagebutten (Fruchtfleisch und Kerne)* mit *150 ml Wasser* einige Stunden oder über Nacht kalt angesetzt. Dann seiht man die Hagebutten ab und bringt das abgegossene Wasser zum Kochen. Das Fruchtfleisch und die Kerne überbrüht man mit dem kochenden Wasser, lässt sie 10-15 Min. ziehen und seiht sie anschliessend ab.

Holunder

Der schwarze Holunder aus der Familie der Geissblatt-gewächse (Caprifoliaceae) ist pflegeleicht und gedeiht fast überall, wie wohl er feuchte, nährstoffreiche Böden am liebsten hat. Sämtliche Pflanzenteile, von den duftenden, weisslichen Trugdolden bis zur Wurzel, sind Mensch und Tier seit jeher nützlich, weshalb der bis zu 7 m hohe Strauch nicht umsonst den Beinamen «Apothekerkäst-chen der Bauern» trägt. Im Volksmund sagt man auch, dass die Pflanze vor Unglück, Krankheit und bösen Geistern beschütze. Dies und der Glaube, dass ihn sich Holla, die Göttin Freya, zum Sitz erwählt hätte, liess den Holunder lange Zeit magisch und heilig zugleich erscheinen. Deshalb sollte er vor keinem Haus fehlen und durfte er weder gestutzt, noch gar böswillig umgehauen werden.

Sambucus nigra L. ▶ lat. sambucus: möglicherweise von gr. sandex, einer Pflanze, mit deren rotem Saft Leinwände gefärbt worden sind; lat. niger: schwarz, bezieht sich auf die schwarzen Beeren. Der deutsche Name Holunder könnte sich von Holla (für Freya) oder, wahrscheinlicher, ahd. holantar, hohler Baum, herleiten – in Entsprechung zum Holunder-holz, das sich leicht aushöhlen lässt.

«Achte den Holunderstrauch und zieh' vor ihm den Hut.»

Dass es die Blüten und Beeren, aber auch die Blätter und die Rinde des vielseitigen «Zauber-strauchs» gut mit uns meinen, das war schon Hippokrates und Dioskurides bekannt. Holunder versorgt uns mit viel Vitamin A und C, Kalium und Eisen, besonders die schwarz-violett glänzenden Beeren. Und die sind gerade rechtzeitig reif im Herbst, wenn fiebrige Erkältungskrankheiten vermehrt durch die Lande ziehen. Holundersaft ist das Fiebergetränk schlechthin, von dem man im Winter täglich ein Glas zur Abwehrstärkung trinken sollte. Wandelt man den Saft mit etwas Orangensaft, Zimt und Nelken zum alkoholfreien Glühwein ab, kann man die nächste Grippewelle getrost vorüberrollen lassen.

Der A. Vogel Tip

Sambucus nigra wird in der Homöopathie bei Alpträumen, Wahnvorstellungen, Ödemen und Entzündungen der Atemwege, insbesondere Stock- und Fliessschnupfen eingesetzt. Die Blüten und Blätter sind, neben anderen, Ausgangsstoffe des homöopathischen Schnupfen-mittels **Rhinitisan** (nur in CH).

Holunder in Küche und Hausapotheke

Der Holunder bringt uns im Frühling und Herbst soviel Gutes und Gesundes, dass er zu den ganz grossen Heil- und Küchenpflanzen zählt. Wen wundert da die Vielzahl an Rezepten – vom Most, Wein, Tee, Sirup bis zur Konfitüre, Suppe und den herrlichen Hollerküchlein/ Holunderkrapfen, für die fast jede Oma ihr Geheimrezept in der Schublade hat. Hauptsache die Blütendolden sind reif, sauber gewaschen und schön ausgebacken, dann ist die Begleitung (Zimtzucker, Preiselbeeren- oder Zwetschgenkompott) Nebensache. Ausserdem bieten sich die Blüten von Mai bis Juli für einen spritzigen Holunderfizz (ein Schuss Holunderblütensirup in Sekt oder Champagner) geradezu an. In Milch eingelegt, sind die Blüten dagegen ein gutes Bad für die ältere, fahle, runzlige Haut. Die im Herbst gepflückten Beeren sind nicht minder vielseitig, allerdings sollten sie voll ausgereift sein, ansonsten können sie Übelkeit hervorrufen. Zu all dem ist der schwarze Holunder eine der wenigen Färberpflanzen, deren Beeren einen Stoff purpurrot färben, die Blätter ergeben Farbtöne zwischen oliv- und gelbgrün.

Holunder-Apfel-Saft

500 g Holunderbeeren
200 g Apfelschnitze
200 g Honig/ Rohrohrzucker
Holunder und Äpfel im Entsafter entsaften, Honig einrühren, fertig!

Wird der Saft mit der Saftpresse gewonnen, sollte er mit Zucker 5 Min. aufgekocht und heiss in vorgewärmte Flaschen abgefüllt werden.
Variante: Holundersaft mit Birnen, Zwetschgen, Pflaumen oder Quitten zubereiten. Er kann aber auch solo, heiss und kalt, getrunken werden.

Holunderblütenlimonade

7-8 Holunderblütendolden
5 l Wasser
2 unbehandelte, biologische Zitronen in Scheiben
1 kg Rohrohrzucker
Zucker im Wasser auflösen, Dolden mit Zitronen darin einlegen, mit Gazetuch abdecken, 3 Tage an der Sonne stehen lassen, zwischendurch umrühren. In Flaschen abseihen, kühl lagern und innerhalb von 2 Monaten trinken.

Holunderbeerensirup

1 kg Holunderbeeren
1/4 l Wasser
1 kg Birnendicksaft
2 EL Zitronensaft
Beeren mit Wasser zugedeckt aufkochen. 1 Std. ziehen lassen, abpressen, filtrieren. Birnendicksaft und Zitronensaft beifügen, 5-8 Min. kochen, bis sich das Birnel ganz aufgelöst hat, heiss in Flaschen abfüllen und verschliessen.

Schwitztee

Je 1 TL getrocknete Holunder- und Lindenblüten (oder 1 TL Salbeiblätter) mit 1 Tasse kochendem Wasser übergiessen, 10 Min. zugedeckt ziehen lassen, abseihen. Bei Fieber und Erkältungen 3-4mal täglich 1 Tasse trinken, das treibt den Schweiss aus den Poren! Bei Angina mit dem Tee gurgeln.

Fliederbeersuppe

200 ml Milch
50 g Vollkorn-Weizengriess
1 TL Butter
2 TL Honig
Zimt
Milch aufkochen, den Griess einrühren und unter Rühren zu einem dicken Brei einkochen lassen, Butter, Honig und Zimt unterrühren, kalt stellen.
1 Flasche Holunderbeersaft (330 ml)
1/2 l Orangensaft (frisch)
5 g pflanzliches Bindemittel (z.B. Biobin/ Reformhaus)
Säfte mischen, Bindemittel mit dem Schneebesen einrühren, kalt stellen. Vom Brei kleine Klösschen abstechen und diese in der Fliederbeersuppe servieren. Kann auch heiss gegessen werden.

Mariendistel

Die Marien-, Leber oder Milchdistel stammt ursprünglich aus Südeuropa, wo sie noch immer wild wächst. Inzwischen ist sie auch in Nord- und Südamerika und Südaustralien ansässig geworden. Der stachlige Kulturfolger bevorzugt trockenes, steiniges Gelände, Schuttplätze, Wegränder und Viehweiden. Bis zu 1,5 Meter gross wird die zur Familie der Korbblütler (Compositae) gehörende Pflanze, die früher unter dem Namen Carduus marianus der Familie der Kardengewächse zugeordnet wurde.

Von vielen wird sie wegen ihres üppigen, rotvioletten Blütenkopfs mit den dornigen Hüllblättern und ihrer grün-weiss marmorierten, dornig gezähnten Blätter als schönste Distel überhaupt bezeichnet. Die «Leberdistel» ist aber nicht nur schön, sondern auch sehr gesund. Wie die Bezeichnung verrät, stellt sie ihre Dienste der Leber zur Verfügung. Medizinisch werden Kraut, Samen und Früchte genutzt, die kurz vor der Reife, im August, September, geerntet werden. Ihre prächtigen Blütenköpfe entfaltet die Distel von Juni bis September (Ernte im Juni), die Wurzeln gräbt man im Herbst aus.

Silybum marianum, Carduus marianus
▶ lat. silybum: Troddel, Quaste: lat. carduus: Distelart.
Die Bezeichnung Mariendistel geht auf eine Marienlegende zurück, wonach die weissen Streifen auf den Blättern der Mariendistel Milchtropfen der Muttergottes seien, die beim Stillen während der Flucht nach Ägypten auf die Pflanze tropften.

Distel contra Pilzvergiftung

Die schon in den Arzneibüchern der Antike erwähnte Mariendistel kann bei Leberschäden erstaunliche Erfolge für sich verbuchen. Sie unterstützt die Behandlung von Gelbsucht, funktionellen Störungen der Leber, Galle und Milz, Fettleber und in manchen Fällen sogar von Leberzirrhose und Diabetes mellitus. Verantwortlich dafür ist vor allem das in den Fruchtsamen enthaltene Silymarin, das die Leber vor Lebergiften, wie dem Knollenblätterpilz, Alkohol, Arzneimitteln und Chemikalien schützt. Durch die Veränderung der Struktur der äusseren Zellmembranen verzögert es das Eindringen von Giften und Schadstoffen in die Leber. Daneben stimuliert es wichtige Stoffwechselprozesse und Syntheseleistungen der Zellen, wodurch es noch einen gewissen Reparatureffekt ausübt.

Mariendistel in der Heilkunde

Der Verwendungszweck der Mariendistel beschränkt sich im Wesentlichen auf die Heilkunde, dafür aber umso nachhaltiger. Vielen Leberkranken sind Mariendistel-Präparate unentbehrliche Helfer. Für den Gebrauch als Gemüse hat man die Mariendistel oder Wilde Artischocke hierzulande noch nicht entdeckt; in der französischen Küche dagegen sollen sowohl die jungen Blätter, als auch die geschlossenen Blütenköpfe und die Pfahlwurzeln als Gemüse sehr beliebt sein. Im Orient gelten die jungen Triebe und Blätter ebenfalls als Delikatesse. Die Wurzeln werden wie Pastinaken gekocht, der untere Teil der Blütenstände wie Artischocken zubereitet, die geschälten Stengel wie Stangengemüse gegart und die Sämlinge roh in Salaten angerichtet. Im Garten war die schöne Distel früher Teil des

traditionellen Mariengartens, der zu Ehren der Muttergottes angelegt wurde. Dazu gehörten z.B. auch der Frauenmantel, das Wiesenschaumkraut, Echte Labkraut, Maiglöckchen, die Schlüsselblume, Ringelblume, Weisse Lilie und das Marienblatt.

Ernährung bei Leberleiden

Wenn die Leber geschädigt ist, sollte man vor allen Dingen die Ernährung umstellen und Nahrungsmittel **meiden**, die die Leber belasten, z.B.:
– *erhitzte Fette, fette Saucen, tierische Fette (ausser Butter), Erdnussöl (Erdnüsse)*
– *gekochte Eier*
– *Hülsenfrüchte (auch Sojabohnen), gekochte Kohlarten, Bohnen, Erbsen, Pommes frites*
– *Steinobst (ausser Kirschen und vollreifen Aprikosen), rote Johannisbeeren in grösseren Mengen, Ananas*
– *Weisser Zucker, Weissmehlprodukte, Backwaren, Schokolade, Eiscremes*
– *Alkohol, Schwarztee, Kaffee, eisgekühlte Getränke*
– *Pfeffer, Muskatnuss, Kochsalz, Zimt, Essig, Senf.*
Das Buch «Die Leber reguliert die Gesundheit» von A.Vogel (400 S.) informiert eingehend, wie Sie die Leber auf natürliche Weise schonen und bei ihrer Entgiftungsarbeit unterstützen können.

Mariendistelsamentee

1 TL zerquetschte Mariendistelsamen mit *1 Tasse kochendem Wasser* übergiessen, nach 10-15 Min. abseihen. Bei Verdauungsbeschwerden, v.a. funktionellen Störungen der ableitenden Gallenwege, 3-4 Tassen/Tag trinken, bis die Beschwerden abklingen.

Mariendistelkrauttee

Tee aus Mariendistelkraut ist nur in der Volksmedizin gebräuchlich. Er wird ebenfalls zur unterstützenden Behandlung von Beschwerden im Bereich von Leber, Galle und Milz sowie bei Seitenstechen eingesetzt.
½ TL zerkleinertes, getrocknetes Mariendistelkraut mit *1 Tasse kochendem Wasser* aufgiessen, nach 5-10 Min. abseihen. 2-3 Tassen/Tag trinken.

Selber ziehen

Mariendistel ist eine sehr dekorative Gartenpflanze, die man am besten Ende März, wenn es nicht mehr allzu kalt ist, aussät. Sie benötigt viel Sonne, trockenen, nicht zu harten Boden und stellt ansonsten kaum Ansprüche. Da die Distel ihre Samen in der Umgebung verstreut, kann rasch eine ganze Kolonie entstehen.

Der A. Vogel Tip
Das Frischpflanzenpräparat **Boldocynara N** (in D: **Leber-Galle-Tropfen**) enthält Auszüge aus Mariendistel, Artischocke, Löwenzahn, Boldoblättern und Pfefferminze und wird zur Behandlung von Leber-Galle- und Verdauungsstörungen eingenommen.

Safran

Safran, ein Krokusgewächs aus der Familie der Schwertlilien (Iridaceae) und naher Verwandter der giftigen Herbstzeitlose, ist ein uraltes Kulturgewächs. Von Kaschmir ist er nach Kleinasien vorgedrungen, wo man ihn seit Jahrtausenden hochschätzte. Heutiges Hauptanbaugebiet ist Spanien, wo es keine Paella ohne das gelbrot färbende Gewürz gibt. Verwendung finden nur die drei gelbroten Narbenschenkel, die sich in den trichterförmigen tiefroten bis violetten Blüten befinden. Die Narben werden aus der Blüte herausgezupft, über Holzkohle oder heisser Asche ½–1 Std. getrocknet, was den 2–4 cm langen Narben ihr typisches Aroma und ihre orange- bzw. braunrote Farbe verleiht.

Safran ▶ arab. safra: gelb;
Crocus sativus ▶ hebr. carcom, Safran,
und lat. sativus: angebaut.

> **Der A. Vogel Tip**
> In ganzen Fäden bleibt das Aroma besser erhalten. Safran sollte man luftdicht, trocken und dunkel aufbewahren. Safranfäden nicht kochen, nur ziehen lassen, damit sich der zartbittere, würzig-honigartige Geschmack voll entfalten kann! Safranpulver in wenig Flüssigkeit auflösen und ebenfalls erst am Ende der Kochzeit beifügen.

Spross des Morgenlandes

Obwohl persische, griechische, römische, arabische und byzantinische Ärzte Safran zurecht bei Hysterie, Nervosität, Frauenleiden (bei Problemen mit der Menstruation und Gebärmutter) und bei entzündeten Augen eingesetzt haben, spielt er in der heutigen Medizin kaum mehr eine Rolle. Am ehesten kommt Safran in der Homöopathie zum Zug, besonders bei bestimmten Formen der Hysterie in Verbindung mit Angstzuständen und Wutausbrüchen, da er, in höheren Dosen genossen, selbst solche Symptome auslösen kann. Diese Wirkung wurde früher sogar zu Folterzwecken ausgenutzt. Um wieviel schöner klingt da die andere Seite der morgenländischen Blüte: «Safran fein, du allein sollst mein Liebesbote sein!» Unter Araberinnen galt er nicht nur als Mittel zur Steigerung der Liebeskraft, sondern auch als Schönmacher, mit dem man die Haut, Augenlider, Zehen- und Fingerspitzen färbte.

Safran in der Küche

Bevor die fernöstliche und französische Küche Safran wieder in unsere Reistöpfe zurückbrachten, war es still geworden um das kostbare Blütengewürz, ohne das man in früheren Jahrhunderten weder ein «rechtes Pürée», noch einen «guten Erbsenbrei» oder «gediehene Saucen» zubereiten zu können glaubte. Und in der Tat kann das teuerste Gewürz der Welt mehr, als nur fade Kuchen «gel» (gelb) zu färben. Sein charakteristisches Aroma verwandelt Reis-, Fisch-, Geflügel-, Lamm- und Gemüsegerichte, z.B. eine Bouillabaisse, Blumenkohl- und Spargelsuppe, Paella, Zarzuela oder ein Hühnerragout in ganz besondere, «innerlich wärmende» Speisen. Daneben wird Safran als Gewürz für Schwedenbitter, Brot und Wein und in einigen Ländern, z.B. in Indien und China, noch als Heilmittel gebraucht.

Vorsicht: Fälschung!

Safran wurde und wird oft verfälscht, weil der echte Safran teuer und die Herstellung reine Handarbeit ist. Für 1 kg Safranfäden benötigt man zwischen 100'000 und 150'000 Blütennarben. Die grössten Safrangärten der Schweiz (in Mund/ Wallis), wo das Gewürz seit dem 14. Jahrhundert angebaut wird, produzieren jährlich nur etwa 20 kg des begehrten Gewürzes.

Um grössere Mengen zu erzielen, werden die Narben mit Öl oder Zuckersirup beschwert oder durch ähnlich färbende Blütenblätter, z.B. von Ringelblume, Saflor oder Löwenzahn ersetzt. Die Gelbwurz/ Kurkuma, englisch Saffron, wird auf tropischen Märkten häufig als Safran angeboten und als günstiges Schnäppchen mit nach Hause gebracht. Der echte Safran verdankt seine Färbefähigkeit fettlöslichen Carotinoiden, Crocetin und einem ätherischen Öl.

Safran im Garten

Das Zwiebelgewächs gedeiht auch in unseren Breiten, sofern das Klima mild, der Boden feinsandig und locker, die Lage sonnig und windgeschützt ist. Kurz, dort, wo Wein wächst, gefällt es auch dem Safran, der sich am liebsten in Roggenfeldern aufhalten will. Die Zwiebeln steckt man im August etwa 15 cm in gut gelockerte Erde. Während der Blüte im Oktober/ November sammelt man an trockenen Tagen um die Mittagszeit die Blütennarben ein.

Fischfilet an Safransauce

600 g Fischfilet (Egli, Felchen oder Seezunge)
3 Schalotten
100 ml Plantaforce-Brühe
100 ml Weisswein
180 ml Schlagrahm (Sahne)
Salz, Pfeffer
1 TL Safranfäden
1 EL Kresse
2 EL Sojaöl
Kleingeschnittene Schalotten in Öl anbraten, mit Gemüsebrühe und Wein ablöschen, die gewürzten Fischfilets 10 Min. darin pochieren. Fisch aus der Pfanne nehmen, die Sauce mit Sahne, Safran und Kresse verfeinern und mit Kräutersalz nachwürzen. Dazu Vollwertreis oder Basmatireis servieren.

Sanddorn

Vitaminbombe und Lebenselixir

Der dornige Strauch aus der Familie der Ölweidengewächse (Elaeagnaceae) ist in Nord- und Mitteleuropa beheimatet und mag es sonnig, warm und windig. Zudem ist er ausgesprochen salzverträglich. Daher auch sein Name, denn er gedeiht an den sandigen Nord- und Ostseestränden genauso gut wie auf den Kiesbänken der Alpenflüsse oder am Rand von Autobahnen und Schutthalden, wo er als Bodenbefestiger dient.

Im Garten erfüllt der 1-4 m hohe Sanddorn seinen Zweck als Hecke, Schutz und Nährgehölz für Vögel. Und als äusserst wertvolles Nahrungsmittel, wenn man die Mühe nicht scheut, von September bis November die vollreifen, orangeroten, prallen Beeren zu ernten. Dazu schneidet man am besten mit der Gartenschere vor dem ersten Frost gleich ganze Fruchtzweige ab. Sonst riskiert man, dass die Hälfte der Beeren schon beim Pflücken aufplatzt. Die unscheinbaren, braunen Blüten, die übrigens schon vor der Blattbildung in Erscheinung treten, werden nicht verwendet.

Hippophaë rhamnoides ▶ gr. hippos: Pferd; gr. phaes: leuchtend; gr. rhamnus: Dorn. In der Antike wurden Pferde mit Sanddorn behandelt, zur Ungezieferabwehr und für mehr Glanz im Fell.

Die Inhaltsstoffe sprechen für sich: die Wildbeeren enthalten zehnmal mehr Vitamin C als die Zitrusfrüchte sowie Vitamin A, E und B-Vitamine, Betacarotin, ungesättigte Fettsäuren, Kalzium, Magnesium und vieles mehr. Sie sind so gesund, dass sie zum festen Bestandteil des Speiseplans gehören sollten. Sie erhöhen die Widerstandskraft gegenüber Erkältungskrankheiten, erwecken die Lebensgeister, sind eines der wichtigsten natürlichen Stärkungsmittel und ein rechter Muntermacher gegen Frühjahrsmüdigkeit. Als heilkräftige Pflanze ist der Strauch übrigens erst relativ spät, im Mittelalter, bekannt geworden. In den orange-roten, vollausgereiften Beeren sind die Vitamine konzentrierter als in den gelben, desgleichen sind die Sanddornfrüchte aus höheren Lagen vitaminreicher als diejenigen, die an der Küste beheimatet sind.

Sanddorn in Küche und Heilkunde

Sanddorn ist in aller Munde, zumindest in Finnland. Die Nordländer machen von den gesunden Beeren rege Gebrauch, nicht zuletzt wegen ihres hohen Werts als Abwehrmittel gegen Infektanfälligkeit. Die säuerlichen roten Früchtchen sind unter den Vitamin-C-Spendern besonders vielseitig: sie eignen sich für Sirup, Saft, Mus, Marmelade, Gelée und Eis; mit dem Mus bzw. Mark kann man Tee, Müesli, Joghurt, (Butter-)Milch, Quark, Obstsalat und Saucen verfeinern. Der Phantasie sind dabei kaum Grenzen gesetzt.

Die mühelos zuzubereitenden Basiszutaten sind Saft und Mus (Mark), die auch im Reformhaus erhältlich sind. Bereits ein bis zwei Esslöffel davon sind genug, um den Tagesbedarf an Vitamin C zu decken.

Die Beeren finden dank ihrer ausgezeichneten Nährstoffe auch in der Kosmetik Verwendung. Frischer Sanddornpresssaft belebt die Haut ungemein, lässt sie rosig und frisch aussehen. (Nach etwa 10minütiger Einwirkzeit einfach kalt abwaschen.)

Schneller Sanddornquark

500 g Magerquark
1 Ei
4-5 EL Ahornsirup
2 Msp. Zimt
2-3 EL Schlagrahm (Sahne)
150 g Sanddornmark (aus dem Reformhaus)

Quark mit allen Zutaten verrühren. Nach Belieben mehr oder weniger Sanddornmark dazugeben.

Der A. Vogel Tip

Decken Sie Ihren Vitamin-C-Bedarf auf natürliche Weise! Sanddorn-, Berberitzen- und Hagebuttenmark sind die drei besten einheimischen Vitamin-C-Lieferanten. Zapfen Sie diese drei Energiequellen so oft wie möglich an!
Das Stärkungs- und Aufbautonikum **Vitaforce** (in D: A.Vogel's **Vitalextrakt**), die **Bio-C-Lutschtabletten** und **Bio-Sanddorsan** Brotaufstrich enthalten u.a. natürliches Vitamin C aus Sanddornbeeren.

Sanddornsaft

500 g zerquetschte Sanddornbeeren mit *100 ml Wasser* 15 Min. leicht kochen, durchpassieren und nach Belieben mit Honig oder Birnendicksaft süssen. Heiss in Flaschen abfüllen.

Sanddornsaftkur

Die Einnahme von *2 EL Sanddornsaft in 1/2 Glas Wasser* 3mal täglich vor dem Essen kurmässig während 3 Wochen ist empfehlenswert bei:

– Konzentrationsstörungen und Schwächegefühl
– Grippe und Erkältung sowie zur Vorbeugung
– Rekonvaleszenz
– Schwangerschaft
– Zahnfleischbluten und Zahnfleischschwund.

Sanddornmus

Rohe Beeren durch ein Sieb streichen und mit etwas Honig süssen. So bleiben alle Vitamine erhalten. Damit die Haltbarkeit nicht zum Problem wird: einfach portionsweise einfrieren!

Sanddornkonfitüre

1 kg durchpassierte Sanddornbeeren mit *1/2 kg Rohrohrzucker* einkochen, bis etwa Sirupdicke erreicht wird. Heiss in Schraubgläser einfüllen und verschliessen.

Wacholder

Auf der nördlichen Hemisphäre ist der Wacholder weit verbreitet und kommt in etwa 40 Arten vor. Sein Aussehen hat dem zur Familie der Zypressengewächse (Cupressacea) gehörenden Baum bzw. Strauch den Ruf der «Zypresse des Nordens» eingebracht. Der amerikanische Verwandte Juniperus virginiana wird auf englisch fälschlicherweise *cedar*, Zeder, genannt und in der Aromatherapie teils als Zedernholz geführt.

Der Wacholder sucht sich mit Vorliebe Moor- und Heideböden und besitzt nadelförmige Blätter, unscheinbare, grüngelbliche Blüten und unter der Rinde weisses Splintholz mit einem rotbraunen Kern. Die Nadeln des auch unter den Namen Reckholder, Kranewitt oder Machandel bekannten Strauches erntet man von Frühling bis Herbst, die Beeren im Herbst.

Juniperus communis ▶ lat. junior: der Jüngere; lat. pario: erscheine; lat. communis: gemein. kelt. jeneprus: rauh, dornig. Ahd. wächelder: lebensfrischer, immergrüner Baum. Der Name bezieht sich sowohl auf die Blätter, als auch auf die Früchte, von denen die jüngeren schon erscheinen, während die alten noch am Strauch hängen.

Zauberbaum, Räucherwerk

Kaum eine Pflanze spielte als Räucherwerk eine so grosse Rolle wie der Wacholder. Alle Juniperusarten entfalten beim Räuchern harzige Wohlgerüche, die an den Duft der frischen Nadeln erinnern. Der Gemeine Wacholder ist reich an ätherischen Ölen, Harzen, Flavonoiden und Gerbstoffen, die sich besonders in den schwarzblauen Beerenzapfen und im Kernholz konzentrieren. Dioskurides und Plinius empfahlen Wacholder neben medizinischen Zwecken zur Vertreibung von Schlangen und wilden Tieren. In Ägypten hat man Mumien mit den Beeren parfümiert und vor Magie geschützt. Nordamerikanische Indianer trugen Wacholderzweige in Medizinbeuteln als Amulette und räucherten das Holz bei Reinigungsriten und in den Schwitzhütten. Im Himalaya waren die Wacholderwälder Wohnstatt der Götter und Wacholderweihrauch göttliche Nahrung. Auch die ayurvedische und tantrische Medizin nützt(e) Wacholder als Räucherstoff. Im europäischen Mittelalter galt Wacholderrauch als Schutz vor Hexen, Kobolden, bösen Geistern und der Pest. Dies hat sich in der Aromatherapie gehalten: Wacholderöl, geräucherte frische oder trockene Zweige und Beeren dienen nach wie vor zur Reinigung der Luft im Haus.

Wacholder in Küche, Haus, Apotheke und Bad

Wacholder kennt man als Latwerge (Brotaufstrich), Geschmacksnote in Gin, Genever und anderen «Lebenswassern» und ganz sicher als Küchengewürz.

Mit Piment, Pfeffer, Nelken und Lorbeer passen die kugelrunden Beeren ausgezeichnet zu Wild, Lamm, dunklen Saucen, festfleischigem Fisch, Sauerkraut und Kohlsalaten. Sie helfen schwerverdauliche, blähende Speisen zu verdauen. Man sollte sie allerdings zerquetscht verwenden, damit sich ihre Wirkstoffe voll entfalten.

In der Volksmedizin war Wacholder das Allheilmittel der Armen – gut für und gegen fast alles: Typhus, Cholera, Ruhr, Schlangenbisse, Bandwürmer, Rheuma, Gicht, Verdauungsbeschwerden (Aufstossen, Sodbrennen, Völlegefühl). Ob tatsächlich der Wacholder half, ist fraglich. Sein medizinischer Nutzen ist heute umstritten. Vor längerer Einnahme, Überdosierung und Anwendung bei Schwangeren und Nierenkranken wird gewarnt, da u.U. Nierenschäden entstehen können.

Rheumabad und Rheumaöl

1 Handvoll getrocknete Wacholdernadeln in *1 l Wasser* 3-5 Min. köcheln, nach 5 Min. abseihen, ins Badewasser geben. Bei Rheuma und Gicht ein **Wacholderbad** nehmen.

95 ml Olivenöl mit *5 ml* ätherischem **Wacholderöl** mischen, in ein Fläschchen abfüllen, dunkel lagern. Bei Rheuma die schmerzenden Gelenke täglich mit dem wärmenden Öl einreiben.

Auch **Kühen, Pferden** und **Eseln** soll das Öl bei Rheuma gut tun. (Oder einfach Wacholderbeeren ins Futter mischen.)

Der A. Vogel Tip

Juniperosan ist ein 100 % natürliches Fusspflege-Öl mit Auszügen aus Wacholderholz, -spitzen und -beeren sowie mit Wacholder-, Thymian- und Sonnenblumenöl. Zur besseren Durchblutung, Belebung und Pflege müder, rauher Füsse nach dem Fussbad einreiben oder ein paar Tropfen ins Badewasser geben.

Wacholdergeist

150 g Wacholderbeeren
150 g Kümmel
50 g Knoblauch
100 g Rohrohrzucker
1 l Weinbrand
1 l Wasser
Wasser mit Rohrohrzucker aufkochen. Wacholderbeeren, Kümmel und Knoblauch im Mörser zerquetschen, ins Wasser geben, 1 Min. kochen lassen, abseihen und mit Weinbrand aufgiessen. Bei «Bedarf» ein Gläschen dieses «Lebenselixiers» trinken.

Latwerge

500 g Wacholderbeeren
2 ½ l Wasser
2 kg Fruchtzucker
Beeren im Wasser etwa 3 Std. kochen, durchpassieren, Saft mit Zucker 10 Min. eindicken lassen, in Gläser abfüllen.

Wacholderroulade

100 g Vollrohrzucker
Mark von 1 Vanillestange
5 Eigelb
schaumig schlagen,
5 Eiweiss, 1 Prise Meersalz
steif schlagen und mit
80 g Dinkelmehl
unter die Eigelbmasse heben. Blech mit Backpapier auslegen, Teig daraufstreichen und bei 220°C 8-10 Min. auf der mittleren Schiene backen. Auf ein mit Rohrzucker bestreutes Geschirrtuch stürzen.
Ausgekühlten Biskuit mit
5 EL Latwerge bestreichen.
300 g Rahmquark
80 g Latwerge
200 ml geschlagener Rahm (Sahne) mischen, auf den Biskuit streichen, den Boden vorsichtig einrollen und mit Latwerge verzieren.

Weissdorn

*D*en bis zu zwölf Meter in die Höhe wachsenden Weissdornstrauch bzw. -baum findet man bei uns häufig als Hecke, als Hagedorn, wie die zähe Pflanze deshalb auch heisst. An Waldrändern, in Laubwäldern und in Gebüschen sind die beiden bei uns wichtigen Crataegi zu Hause: C. monogyna sowie C. oxyacantha (bzw. laevigata). In die Familie der Rosaceae, der Rosengewächse, gehörend, besitzt die auch im Garten schöne und als Nistplatz bei Vögeln beliebte Pflanze spitze Dornen und weisse Blüten – von daher stammt auch der deutsche Name Weissdorn. Die Blätter und Blüten erntet man im Mai und Juni, bevor letztere ganz geöffnet sind.

Die roten, süsssauren, sehr mehligen, auch als Mehlbeeren bekannten Früchte des Weissdorns erntet man im Herbst. In der Medizin werden beide Weissdornarten verwendet.

Crataegus oxyacantha bzw. monogyna
▶ gr. krataios: fest, stark; gr. oxyakanthos: spitzstachlig; gr. monogyna: eingrifflig.

Chinesische «Variante»

«Shan zha» heissen die Weissdornbeeren in China. Sie werden dort vor allem bei Schwellungen im Unterleib, bei Menstruationsbeschwerden, Verdauungsproblemen und Blähungen verwendet. Die Chinesen glauben, dass die Weissdornfrüchte das «Blut in Bewegung bringen» und Trägheit, vor allem nach der Geburt, überwinden helfen. Leicht angekohlte Beeren sollen auch bei Durchfall ein probates Mittel sein. Allerdings ist die chinesische «Variante» des Weissdorns nicht ganz identisch mit unseren beiden Crataegus-Arten, dem C. monogyna und dem C. oxyacantha. Im Reich der Mitte wird vielmehr der C. pinnatifida geschätzt und kultiviert. Als Heilpflanze besitzt er hier wie dort zurecht viele Anhänger.

Weissdorn in der Naturheilkunde

Als Herzstärkungsmittel hat sich der dornige Strauch mit den weissen Blüten einen festen Platz in der modernen Phytotherapie erobert. «Baldrian des Herzens» oder «Herzbrot» wird er wegen seiner zuverlässigen Wirkung auf das Herz auch genannt. Weissdornextrakte können leichte Formen von Herzrhythmusstörungen günstig beeinflussen und sie erweitern die Herzkranzgefässe, wodurch der Herzmuskel besser durchblutet wird. In der Küche dagegen ist es um den Strauch nicht

so üppig bestellt. Abgesehen von Tees und Likören kann man aus Weissdorn Kompott, Mus oder Marmelade zubereiten. Dazu sammelt man die reifen, rot glänzenden, Vitamin-C-haltigen Beeren im Oktober, November nach dem ersten Frost, und mischt sie wegen ihres mehligen Geschmacks mit anderen Früchten wie Äpfeln, Holunder, Zwetschgen, Berberitzen, Pflaumen oder Schwarzdornbeeren. In der Kosmetik macht man aus Beeren, Blüten und Blättern Badezusätze.

Spazierstöcke

Das harte Holz von Weiss- und Schwarzdorn wurde früher gern für Drechslerarbeiten verwendet, noch heute schnitzt man daraus gute Spazier- und Wanderstöcke.

Der A. Vogel-Tip

Crataegisan N (in D: **Weissdorn-Tropfen**) aus frischen Weissdornbeeren aus Wildbeständen wird zur Stärkung der Herzmuskulatur und der Herzkranzgefässe bei starker Belastung und Stress sowie bei älteren Menschen angewendet. Es übt eine beruhigende Wirkung aus bei nervösen Herzbeschwerden und -rhythmusstörungen, Druck-, Angst- und Beklemmungsgefühlen in der Herzgegend und unregelmässigem Puls. Crataegisan kann mit kurzen Unterbrechungen als Dauermittel eingenommen werden. Weissdornpräparate sind gut verträglich, auch bei langzeitlicher Einnahme.

Herzstärkungs-Likör

200 g frische Weissdornbeeren zerquetscht in eine Flasche füllen, je nach Belieben mit *2 EL Sucanat* (Vollrohrzucker) süssen und mit *0,7 l Malaga* (oder Apfelschnaps) auffüllen. Jeden Tag Flasche gut schütteln. Frühestens nach 3 Wochen abfiltrieren und in eine schöne Glaskaraffe abfüllen. Ein Gläschen nach dem Abendessen von diesem feinen, im wahrsten Sinn des Wortes herzerfrischenden Likör trinken.

Als Alternative zum Selbermachen bietet sich das fix-fertige Herz-Tonikum **Cardiaforce** (nur CH) an, mit Weissdornbeeren und Melissenkraut in Malaga.

Weissdorn-Marmelade

500 g Weissdornbeeren
300 g Holunderbeeren
200 g entsteinte Zwetschgen
Weissdorn- und Holunderbeeren mit gut *¼ l Wasser* aufkochen (ca. 5 Min.) und passieren. Zwetschgen pürieren, zum Beerenmus geben, wiegen und entsprechend des Gesamtgewichts mit *Gelier- oder Fruchtzucker* zu Marmelade einkochen.

Herzstärkungstee

100 g Weissdornblätter
mit Blüten
50 g Herzgespannkraut
50 g Melissenblätter
1 TL der Mischung für eine Tasse mit *kochendem Wasser* überbrühen, 3 Min. ziehenlassen, nach Geschmack süssen und schluckweise trinken (3mal 1 Tasse/Tag).

Beinwell/Wallwurz

*D*as wundertätige Beinwell-
kraut gehört zu den Boragi-
naceae, den Rauhblattgewäch-
sen, und wächst in Europa
und Asien an Bachufern,
Gräben und auf nassen Wiesen bis in Höhen von rund
1500 Meter. Seine Merkmale
sind lange, lanzettförmige
Blätter und violett-blaue oder
gelblichweisse Blüten sowie
filzige, behaarte Stengel.
Beinwell, Wallwurz oder
Wundallheil blüht von Mai
bis September. Von Januar
bis März sowie im Spätherbst
enthält die Wurzel die wirk-
samsten Stoffe. Dank ihnen
wird Beinwell seit der Antike
als beinahe universelles Heilmittel geschätzt.

Symphytum officinalis, Consolida
▶ gr. symphein, zusammenwachsen;
lat. consolidare: festmachen.

Der A. Vogel Tip
Wallwurz-Crème pflegt und
regeneriert die anspruchsvolle
Haut und kräftigt das Gewebe.
Sie dringt sofort und ohne zu
fetten in die Haut ein und eignet sich auch zur Erfrischung
von müden Beinen und Füs-
sen, was Wandervögel und
Sportler begeistert.
Symphosan N Wallwurz-Tink-
tur besteht zu 100% aus frischer Wallwurz und hat eine
abschwellende und entzün-
dungshemmende Wirkung.
Es wird zum Einreiben bei
stumpfen, unblutigen Verlet-
zungen wie Prellungen, Zerrungen, Verstauchungen,
Quetschungen und Blutergüssen verwendet sowie auch bei
rheumatischen Beschwerden,
Arthritis, Nerven- und Sehnen-
scheidenentzündungen.

Klassischer Wundheiler

Bei Brüchen, Schrunden, Haut-
rissen, Schwellungen der Gelenke,
Verstauchungen und Sehnen-
scheidenentzündungen ist Beinwell, wie seine vielen sprechenden
Namen schon verraten, ein klassischer Wundheiler. Beinbruchwur-
zel nennt man ihn auch, Heilwur-
zel, Wundwurzel oder Soldaten-
wurzel – er wirkt lindernd, wund-
heilend und schleimlösend und
war für die Verwundeten vieler
Kriege ein Segen als Tee, als
Pulver, als Tinktur oder als Umschlag.

Beinwell in Heilkunde und Garten

Den alten, ehrenvollen Titel «Königin der Heilpflanzen» wollen wir dem Beinwell bzw. der Wallwurz, wie die Schweizer sagen, nicht streitig machen, auch wenn er/sie ihn mit anderen Pflanzen teilen muss. Beinwell aktiviert und intensiviert wie nichts sonst die Knochenbildung nach einem Bruch und wirkt entzündungshemmend bei Knochenhaut- und Gelenksentzündungen. Die Wallwurz-Salbe ist legendär, und Umschläge, z.B. mit 100 g kleingeschnittenen Beinwellwurzeln, die man 10 Minuten in 1 Liter Wasser aufgekocht hat, wirken wahre Wunder bei Verstauchungen, Quetschungen und Geschwüren.

Wallwurz in der Volksmedizin

Gegen Gicht, Knochenhautentzündungen, Blutergüsse und Arthrosen weiss die Volksmedizin kein besseres Mittel als Umschläge mit Beinwellwurzeln, die man roh geraffelt auf die gichtigen Stellen legt. Hat man keine frischen Wurzeln zur Hand, verwendet man Wallwurztinktur oder **Symphosan N** Tinktur aus der Apotheke.

Beinwell im Garten

Besonders schön anzusehen ist das üppig wuchernde Kraut nicht, ausser es blüht. Aber dafür sorgt Beinwelljauche für das Wohl anderer Gartenpflanzen. Bei Gärtnern ein Begriff ist das Ansetzen von *1 kg Beinwellblättern* mit *10 l Wasser*, die zugedeckt in einer Tonne oder einem Fass 2 Wochen ziehen sollen. Dann werden sie abgeseiht und im Verhältnis 1:20 wiederum dem Giesswasser beigegeben und nur im Wurzelbereich angegossen. Der penetrante Geruch lässt sich mit Steinmehl binden.

Maske mit Beinwellsaft

Empfindliche und entzündete Haut beruhigt eine Beinwell-Maske. Frischen, ausgepressten Saft aus Beinwell-Blättern auf die Haut auftragen und 15–20 Minuten einwirken lassen.
Für den Saft hacken Sie *8 Beinwellblätter* im Mixer fein und verrühren Sie sie mit *1 Tasse Wasser.* – Manche trinken den Saft mit Honig oder Tomatensaft. Generell **raten** wir jedoch **ab, Beinwell innerlich einzunehmen.**

Wallwurzsalbe

250 g frische Wallwurz (Wurzeln und Blätter)
¼ l Olivenöl
70 g Bienenwachs
Wurzeln und Blätter waschen und kleinschneiden, mit dem Olivenöl 20 Min. leicht kochen. Öl durch ein Tuch filtern. Bienenwachs im Wasserbad schmelzen und den filtrierten Ölabsud unter ständigem Rühren portionenweise hineingeben.

In Salbentöpfchen abfüllen. Sanft auftragen bei Verstauchungen, Prellungen und Quetschungen.

Efeu

In Europa und Afrika findet man den zur Familie der Efeugewächse (Araliaceae) gehörenden «baumlangen Schlingel» allenthalben. Man nennt ihn auch Immergrün, Mauerwurz, Baumwürger, Totenranke und Rankenefeu, – und alle Namen treffen auf ihre Weise zu. Immergrün, weil er immer grün ist. Mauerwurz, weil er alles überwuchert und in Mauerritzen dringt. Baumwürger, weil er seine Stützbäume, bevorzugt Eichen und Buchen, so kräftig zu umklammern und dabei gut 30 m in die Wipfel zu steigen vermag, dass er sie zum Absterben bringen kann. Totenranke, weil er es liebt, seine Blätter wie einen Mantel der Ewigkeit über Grabsteine zu breiten. Und schliesslich Rankenefeu, eine irreführende Bezeichnung, da Efeu keine Ranken hat, sondern sich als Wurzelkletterer lediglich am Stützbaum festhält. Im Herbst trägt der Efeu grünliche Blütendolden, aus denen bis zum Frühjahr blauschwarze, giftige Beeren reifen. Die Blätter – und nur die – können das ganze Jahr geerntet werden.

Hedera helix ▶ gr. hédra: Sitz, sitzen, was sich auf das Haften der Wurzeln am Baum bezieht, gr. helix: gewunden, spiralig. Das dt. Wort Efeu, von ahd. ebihouui, ephew, efheu, ist seit dem 9. Jahrhundert belegt, seine Bedeutung aber ungeklärt.

Symbol ewiger Liebe

Die Geschichte des Efeus ist alt, königlich und amourös. Im Ägypten der Pharaonen stand er im Zeichen des Gottes Osiris; bei den Griechen und Römer war er Dionysos und Bacchus, den Göttern des Weins, der Lebensfreude und Unsterblichkeit, zugedacht. Auch die christliche Symbolik entbehrte seiner nicht. Und das berühmteste Liebespaar der Minnesänger, Tristan und Isolde, wurde erst im Tode vereint: natürlich durch die langen Ausläufer der Kletterpflanze. In der Romantik wird der mit dem Ginseng Verwandte abermals zum Symbol unendlicher Liebe stilisiert. Vielleicht, weil er so alt wird: ein paar Jahrhunderte sind für den Efeu eine Kleinigkeit.

Efeu in Heilkunde und Kosmetik

Efeu wurde zu allen Zeiten kultisch verehrt und bereits in den hippokratischen Schriften als Arzneipflanze gerühmt. Heute ist der ausdauernde Kletterer als zuverlässiger Helfer bei Katarrhen der Luftwege und Bronchitis mit zäher Verschleimung und krampfartigem Husten anerkannt. Während früher alle Pflanzenteile mit Eifer für alle möglichen Heilzwecke verwendet wurden, legt man inzwischen weit mehr Skepsis an den Tag. Nach den Erfahrungswerten der Volksmedizin soll Efeu darüberhinaus bei Geschwüren, Rheuma, Gicht, Zellulitis, Hühneraugen, Brandwunden und Parasiten (Läuse, Krätze, Würmer u.a.) eine erfreuliche Wirkung zeigen. Weit verbreitet sind in historischen wie zeitgenössischen naturheilkundlichen Abhandlungen Rezepte für Efeu-Salben, -Öle und -Kompressen (aus einem Absud der frischen Blätter), die überflüssiges Fett und Schlacken abbauen und insofern gegen Zellulitis wirksam sein sollen. Bei empfindlicher Haut kann Efeu allerdings Reaktionen auslösen. Bei Wespen- und Bienenstichen sind Efeublätter eine bewährte Sofortmassnahme: junge Blätter auf die Einstichstelle verreiben, und der Schmerz lässt nach.

Efeubad

1 Handvoll frische Efeublätter in *1 l Wasser* aufkochen, 5 Min. ziehen lassen, abseihen, dem Badewasser beigeben. Die Volksmedizin empfiehlt Efeubäder bei rheumatischen Schmerzen, Zellulitis, Hautausschlägen und Flechten. Efeu gehört wie Fichte, Basilikum, Rosmarin, Lavendel und Thymian zu den anregenden Badekräutern.

Der A. Vogel Tip 1
Drosinula N Bronchial-Sirup enthält die hustenlindernden Wirkstoffe von frischen Tannenknospen, Sonnentau und Efeu. Der Frischpflanzensirup verschafft bei Erkrankungen der Atmungsorgane, Hustenreiz, zäher Verschleimung und Heiserkeit Linderung.
Bronchosan Husten-Tropfen (nur in CJ) enthalten neben anderen Heilpflanzenauszügen ebenfalls Efeu (vgl. S. 85 Bibernelle).

Zellulitis-Massageöl

½ l Mandelöl
40 g getrocknete Efeublätter
Kleingeschnittenes Kraut mit Öl übergiessen, in Glasgefäss 4 Wochen an die Sonne stellen, ab und zu schütteln. Am besten durch Kaffeefilterpapier abseihen, Rückstand auspressen, Öl in Glasflaschen füllen. Gut verschlossen, dunkel und kühl lagern.

Efeusalbe

½ l Efeuöl (siehe oben)
3-4 EL Kakaobutter
50 g Bienenwachs
Efeuöl erwärmen, Kakaobutter und Wachs hinzugeben, schmelzen lassen. Vom Herd nehmen, Masse solange kräftig durchschlagen, bis sie eindickt. In Töpfchen abfüllen. Efeusalbe soll u.a. bei Zellulitis und Hühneraugen helfen.

Kränze und Girlanden

Wurden in archaischer Zeit Efeukränze um die Häupter von Göttern gewunden, werden damit heute Türen, Fensterkreuze und Kaffeetische geschmückt. Hat man gar nichts Dekoratives zur Hand, können ein paar Efeuranken und frische Küchenkräuter, Tannengrün oder getrocknete Rosen, je nach Jahreszeit, aus dem Alltagslook ein festliche Tafel zaubern. Efeu ist dankbar: immergrün, übersteht einige Abende, bricht nicht.

Der A. Vogel Tip 2
Die homöopathischen Schnupfentropfen und -tabletten **Rhinitisan** (nur in CH) enthalten u.a. Efeu in der Potenz D5. Sie können auch Kindern verabreicht werden.

Meerrettich

Der Meerrettich war früher der «Mähr-Rettich», der Pferderettich, der auf Englisch heute noch «Horse-radish» heisst. Einer anderen Ethymologie zufolge stammt das «Meer» vom althochdeutschen «mer» ab, das gross, ansehnlich hiess. Entsprechend war der Meerrettich der «mer-ratik». «Mer» wurde später zu Meer umgedeutet, und der «grosse Rettich» wurde zum «Rettich, der über das Meer kam». Vielleicht deshalb, weil er ein gutes Mittel gegen Skorbut war, das Schiffsköche in ihren Kombüsen in Sandkisten mit auf die grosse Reise nahmen?

Der langwurzlige Kreuzblütler liebt lockere, lehmige Böden und wächst wild an Weges- und Ackerrändern. Im Garten gedeiht er problemlos in tiefgründigem, gutem Boden. Geerntet wird die Wurzel vom Herbst bis zum Frühjahr. Die phantasiereichen Namen, die der Volksmund dem scharfen Gewächs gegeben hat, erzählen etwas über seine Verwendung und Verbreitung in Europa: Englische Wurzel, Scharf-, Pfeffer- und Krenwurzel, Fleisch-, Löffel-, Skorbutkraut und Bauernsenf.

Armoracia rusticana od. Armoracia lapathifolia ▶ lat. armoracea: Herkunft ungewiss; lat. rusticana: ländlich, bäuerlich; gr. lapássein: den Leib öffnen.

Bis dass die Tränen fliessen

Die beissende, brennende Schärfe seiner Wurzel macht den Meerrettich zum hervorragenden und zuverlässigen Heilmittel. Er verfügt über ähnliche antibakterielle Eigenschaften wie Kapuzinerkresse und Holunder. Ein Zuviel der explosiven Wurzelkraft kann allerdings Magen und Darm reizen. Deshalb sollte die Devise lauten: mässig, aber regelmässig.

Der A. Vogel Tip

Schon in den dreissiger Jahren hat Dr. Vogel in seinem Erstlingswerk «Die Nahrung als Heilfaktor» die wunderbare Heil- und Würzkraft des Meerrettichs gerühmt. Er empfiehlt, Kochsalz da, wo es geht, durch Meerrettich zu ersetzen. Hier sein «Molkensaucenrezept mit Meerrettich» für Salate (ohne Salz!):

Der A. Vogel «Dip»

1 EL Molkosan (statt Essig)
3 EL Oliven- oder Baumnussöl
3 EL Wasser
1 EL geriebener Meerrettich
1 zerdrückte Knoblauchzehe
nach Belieben feingehackte
Zwiebel, Petersilie, Schnittlauch oder Kresse

Meerrettich in Küche und Heilkunde

Anfang des 17. Jahrhunderts entdeckten die Nordeuropäer den Meerrettich für aromatische, verdauungsfördernde Saucen. Seither ist das altbekannte Heil- und Küchenkraut ein häufiger Begleiter von Fisch- und Fleischgerichten in aller Welt, ebenso wie von Salaten und Gemüsetellern, Käse- und Quarkspeisen. Lange Zeit wurde der Meerrettich vorwiegend in der Heilkunde verwendet. Und das mit gutem Grund: die Liste seiner Heilwirkungen ist gross. Die antibakteriellen Wirkstoffe, der scharfe Geschmack und stechende Geruch des Wurzelfleischs

«klären» bei Husten und Halsweh oft sehr rasch, und sie unterstützen die Behandlung von Harnwegsinfektionen. In der Volksmedizin wird Meerrettich auch bei Rheuma, Gicht, Leber- und Galle-Beschwerden und Verdauungsstörungen eingesetzt. Vorsicht bei Meerrettichwickeln: sie reizen die Haut und sollten höchstens zehn Minuten aufgelegt werden. Als Gesundheitsreserve in Garten und Küche ist die scharfe Wurzel das ganze Jahr über nützlich. Man sollte sie frisch im Keller in feuchtem Sand oder in ein feuchtes Baumwolltuch gewickelt im Kühlschrank aufbewahren, damit sie nicht austrocknet und zäh wird.

Meerrettichsirup

100 g geraffelten Meerrettich mit etwas *Honig* kneten. Den Saft abpressen und auffangen. Den Rückstand in *1 l Wasser* mit *150 g Rohrohrzucker* aufkochen und erneut abpressen und mit dem zuvor abgepressten Saft mischen.
2-3mal täglich 1-2 TL einnehmen. Der Sirup ist eines der besten Mittel bei Bronchialkatarrh und erkältungsbedingten Atembeschwerden.

Betteraves au raifort

3 gekochte, geschälte Rote Bete
3 EL Olivenöl
2 zerdrückte Knoblauchzehen
1-2 EL frisch geriebener Meerrettich
1 EL gehackte Petersilie
2 EL Sauerrahm
1 TL Schnittlauchröllchen
frisch gemahlener Pfeffer
Rote Bete (Randen) in dicke Scheiben schneiden, in Öl von beiden Seiten andünsten, auf Tellern anrichten. Sauerrahm mit allen Gewürzen verrühren und über die Randen geben. Sofort servieren.

Meerrettichkompressen

Bei Stirn- und Kieferhöhlenentzündung sowie bei Kopfschmerzen helfen Meerrettichkompressen als Gegenirritationsmittel ausgezeichnet. Geraffelte Wurzel fingerdick auf ein Stück Gaze auftragen, zusammenfalten und auf Nacken oder Stirn legen. **Vorsicht:** Die Dämpfe und der Saft reizen die Augen.

Express-Amuse-gueules

20 frische Datteln oder halbgetrocknete Bio-Datteln
80 g Meerrettich-Frischkäse (z.B. Cantadou)
Datteln der Länge nach aufschneiden, Kerne entfernen, mit Frischkäse füllen und wieder leicht zudrücken. Auf einer Platte anrichten. Kinderleichte Appetithäppchen!

Meerrettich-Rüebli-Salat

100 g Meerrettich
300 g Karotten
1 säuerlicher Apfel
2 EL Zitronensaft
4 EL Schlagrahm (Sahne)
Herbamare Kräutersalz
frisch gemahlener Pfeffer
(3 EL Sonnenblumenkeimlinge)
Meerrettich, Karotten und Apfel fein raffeln. Rahm mit Zitrone, Salz und Pfeffer anrühren, darübergiessen. Nach Belieben Keimlinge dazugeben. (Statt Rüebli kann man auch Randen, Petersilienwurzeln oder Sellerie verwenden.)

Schlehdorn

Schneeweisse Blüten, dunkle Dornen, blauschwarze Früchte und Blätter, die sich erst nach dem Blütenrausch (März/April) zeigen – so präsentiert sich der Schlehdorn, dessen sparrig verästeltes Buschwerk oft ganze Wildhecken bildet. Der bis zu 3 m und mehr in die Höhe wachsende Strauch hält sich an Weg- und Waldrändern, sonnigen Berghängen und auf Heiden gerne auf. Vögel können im Schutz seiner Dornen nisten, ohne dass Katzen oder Marder sie anfallen.

Die zu den Rosengewächsen (Rosaceae) gehörende Pflanze besitzt kultivierte Verwandte wie den Zwetschgen-, Kirschen-, Aprikosen-, Pfirsich- und Mandelbaum. Die Verwandtschaft hört allerdings auf, wenn es um den Genuss der rohen Früchte geht. Diejenigen der Schlehe, die auch Schwarzdorn, wilde Zwetschge oder Sauerpflaume heisst, sind äusserst herb und sauer. Geerntet werden sie erst im Spätherbst oder Anfang Winter, wenn der Frost die Beeren erweicht hat. Die Blüten pflückt man an trockenen Frühlingstagen, kurz bevor sie im schönsten Weiss ihrer Blüte stehen.

Prunus spinosa ▶ wohl aus gr. prumnon: Baum und lat. spinosa: dornig. Schlehe ˛ ahd. sleha: blaue Frucht.

Stärkung am Morgen

Der Saft der zusammenziehend wirkenden, sauren Früchte gilt in der Volksheilkunde als allgem eines Stärkungsmittel, das zur Genesung verabreicht wurde. Häufig wird in der überlieferten Literatur das berühmte «Löffelchen am Morgen» empfohlen, das den Tag gleich in einem anderen Licht erscheinen lasse. Ausserdem gilt der Saft als gutes Gurgelmittel bei Mund-, Hals- und Zahnfleischentzündungen. Mit Honig gesüsst, lasse er auch Gicht und Magenschwäche weichen, wie schon die Äbtissin Hildegard von Bingen schreibt.

Der A. Vogel Tip

Aus den Blüten des Schlehdorns gewann man schon im Altertum einen Tee, der als Entschlackungs-, Abführ-, Magen-, Husten- und Lungenmittel diente. Pfarrer Kneipp hat ihre mild abführende Wirkung gerühmt, insbesondere bei Kindern.

Schlehen in Küche und Heilkunde

Funde grosser Mengen von Schlehenkernen in Pfahl-bauten belegen es: Schon vor 4000 Jahren haben die Menschen die Früchte des Schlehdorns genossen. Ob man damals schon geahnt hat, dass sie Gerbstoffe, Fruchtsäuren, Fruchtzucker und reichlich Vitamin C enthalten, kurz: gesund sind? Seit der Erfindung des Faustkeils werden jedenfalls die Schwarzdornbeeren, die eigentlich ein Steinobst sind, sehr geschätzt als Nahrungs- und Heilmittel sowohl in fester, als auch flüssiger Form. Heute werden sie zwar für medizinische Zwecke kaum mehr genutzt, dennoch finden Schlehen-saft, -wein, -likör und -schnaps noch immer ihre Lieb-haber, wie auch Mus, Marmelade und Gelée.
Das faserige, harte Holz des Dornenstrauchs eignet sich zum Drechseln. Abergläubische Menschen glaub-ten, dass man mit daraus geschnitzten Zauberstöcken Kobolde, Zwerge und Gnomen anziehen würde.

Entschlackungstee

30 g Schlehdornblüten
30 g Brennesselblätter
40 g Birkenblätter
1-2 TL der frischen Kräuter-mischung mit *1 Tasse Wasser* kurz aufkochen, 5 Min. zie-hen lassen, abseihen. Bei leichter Verstopfung und zur Entschlackung täglich 2–3 Tassen ½ Std. vor dem Essen trinken.

Schlankheitstee

20 g Schlehdornblüten
20 g Löwenzahnwurzeln
20 g Schachtelhalmblätter
20 g Pfefferminzblätter
20 g Ringelblumenblüten
1 TL der getrockneten Kräuter mit *1 Tasse kochendem Was-ser* übergiessen, 5 Min. ziehen lassen, abseihen. ½ Std. vor dem Essen trinken.

Schlehen-Apfel-Mus

1 kg Schlehdornfrüchte
1 kg Äpfel vom Biobauern
½ l Weisswein
¼ l Wasser
7-8 EL Honig
Schale von 1 Zitrone
1 Vanilleschote
Schlehen über Nacht in Was-ser einweichen. Das Wasser abgiessen, die Schlehen ent-steinen und mit den unge-schälten Apfelschnitzen, Wein und Wasser unter Rühren ½ Std. kochen, durchpassie-ren. Honig, abgeriebene Zitronenschale, das aus der Schote geschabte Vanillemark und evtl. noch einen Schuss Weisswein (oder 3%igen Apfelessig) zugeben. Weitere 30 Min. bei schwacher Hitze unter Rühren zu Mus ein-kochen. Heiss in sterilisierte Gläser füllen. Ein kraftvoller Brotaufstrich.

Schlehensaft

2 kg Schlehdornfrüchte
1-2 l kochendes Wasser
200 g Birnendicksaft
Saft von ½ Zitrone
Schlehen waschen, zerquet-schen und mit dem kochen-den Wasser übergiessen, so dass sie gut mit Wasser be-deckt sind. Nach 1-2 Tagen durchpassieren. In den tief-roten Saft Birnendicksaft und Zitronensaft einrühren. In sterilisierte Flaschen abfüllen. (Falls sich das Fruchtfleisch schwer vom Kern löst, Schlehen kurz aufkochen und erneut durch ein Sieb pressen.)

Tägl. 1 EL Saft nach dem Aufstehen soll auch hartnäk-kigen Frühstücksverächtern Appetit machen, so dass sie nicht mit leerem Magen aus dem Haus gehen.

Topinambur

Die aus Kanada stammende Knolle hat eine bewegte Geschichte und viele Namen, z.B. Erdschocke, knollige Sonnenblume, Erdbirne, Kanada- und Ewigkeitskartoffel, Indianer- und Rossknolle oder Jerusalem-Artischocke. Bevor die Kartoffel von Amerika aus ihren Siegeszug als Beilagenkönigin antrat, war Topinambur überall in Europa als bedeutendes Nahrungsmittel und Viehfutter zu finden.

Topinambur ist mit der Sonnenblume verwandt, ebenso hoch aufgeschossen und sonnenhungrig wie diese, und gehört zur Familie der Korbblütler (Compositae). Die Knolle ähnelt der Kartoffel, ihr süsslich-nussartiges Aroma erinnert an die Artischocke. Wobei er noch vielfeiner sein soll, sagen seine Fans.

Die Pflanze ist äusserst robust, schädlingsresistent und frostunempfindlich. Sie verlangt nichts weiter als einen nicht zu feuchten, sonnigen Standort, dafür verbessert sie die Bodenqualität und hält Wühlmäuse von anderen Gemüsen fern. Wenige Knollen genügen, im Herbst oder März/April gesetzt, um im darauffolgenden Winter und frühen Frühjahr reiche Ernte zu haben. Aber aufgepasst: Die Pflanze kann sich wie ein Flächenbrand ausbreiten.

Topinambur ▸ frz. Topinamboux: für Tupinambas, einen südamerikanischen Menschenfresserstamm.
▸ lat. Helianthus tuberosus: gr. helios: Sonne, anthos: Blume; tuberosus von lat. tuber: Knolle

Die Diabetikerkartoffel

Zuckerkranke können Topinambur ohne Reue verzehren. Die Knollen enthalten keine Stärke, sondern Inulin, ein stärkeähnliches Kohlehydrat, das von Diabetikern gut vertragen wird. Die Knollen sind basenüberschüssig, reich an Eiweiss, Kalium und anderen Vitalstoffen – hervorragend geeignet zum Abnehmen, Entschlacken und Entwässern. Sie regen den Stoffwechsel an und zügeln den Appetit im Allgemeinen sowie den Heisshunger auf Süsses im Besonderen durch ihren niedrigen Glucose- und hohen Fructosegehalt.

Topinambur in Küche und Heilkunde

Topinambur kann man roh, gebacken, gebraten, gedünstet, geröstet oder gegrillt verspeisen. Von Rösti über Gratin, Puffer und Kuchen bis zu Suppe und Salat. Bereiten Sie die Knollen wie Kartoffeln, Kohlrabi oder Sellerie zu. Roh verwendete, geraspelte Knollen sollte man sofort mit Zitronensaft oder Salatsauce übergiessen. Am besten verarbeitet man Topinambur ganz frisch, denn einmal an der Luft, beginnt das unterirdische Gemüse schnell schrumpelig zu werden. Zu Topinambur passen praktisch alle Wintergemüse. Unter den Kräutern und Gewürzen harmonieren mit den Knollen besonders gut Meerrettich, Kerbel, Dill, Liebstöckel, Knoblauch und Senf.

Übrigens ist diese von den Köchen fast vergessene Pflanze auch für Vierbeiner eine Delikatesse, die zudem noch gesünder ist als Futterklee. Die Stengel und Blätter werden an Kühe und Schafe verfüttert. In der Medizin wird der Presssaft bei Diabetes und die Tinktur zur Appetitzügelung bei Abmagerungskuren eingesetzt.

Gebackene Knollen

Annähernd *gleichgrosse Knollen* unter fliessendem Wasser abbürsten, so wenig Schale wie möglich wegschneiden. In *zerlassener, gesalzener Butter* oder etwas *Kokosfett* auf dem Backblech wenden und bei 220°C 15-20 Min. im vorgeheizten Ofen gar werden lassen.
Variation: Sellerie, Rote Bete (Randen), Pastinakenwurzeln.

Erdknollensuppe

20 g Butter und 1 EL Olivenöl
1 Zwiebel, kleingehackt
500 g Topinambur
2 Stangen Lauch
1 l Plantaforce Gemüsebrühe
¼ l-½ l Milch
Meersalz, schwarzer Pfeffer
2 EL feingehackter Kerbel
Butter und Öl zergehen lassen, Zwiebel, gewaschenen, kleingewürfelten Topinambur und Lauch kurz anbraten. Brühe, Salz und Pfeffer dazugeben und 30-40 Min. köcheln lassen. Pürieren, Milch zugeben und erwärmen, mit Petersilie garnieren.

Topinambur-Gratin

300 g Topinambur
30 g Raclette- oder Butterkäse
1 EL Zitronensaft
Trocomare Kräutersalz
frisch gemahlener Pfeffer
2 Msp. geriebene Muskatnuss
300-400 ml Gemüsebrühe
50 g Crème fraîche
50 g Sauerrahm
1-2 EL gehackte Haselnüsse
Kokosfett für die Form
Topinambur unter fliessendem Wasser sauberbürsten, in 1-2 cm dicke Scheiben schneiden, mit Zitronensaft beträufeln, mit Kräutersalz, Pfeffer und Muskat würzen. Eine flache Auflaufform einfetten und Herd auf 200°C vorheizen. Topinamburscheiben in der Form verteilen, mit Brühe übergiessen.

Crème fraîche und Rahm verrühren und darübergeben. Zugedeckt im Backofen auf der mittleren Schiene 35 Min. garen. Geraspelten Käse und Nüsse über das Gratin geben und nochmals 10 Min. auf oberster Schiene backen.

Der A. Vogel Tip
Inulin ist eine Zuckerart, die den Blutzuckerspiegel nicht erhöht und in einigen Pflanzen vorkommt wie in der Alantwurzel, Artischocke, Schwarzwurzel und vor allem in Topinambur. Der süsslich schmeckende Topinambursaft kann nach Prof. Dr. F. Weiß sogar als Süssstoffersatz für Diabetiker dienen.

Winterportulak

Der Sommerportulak (lat. Portulaca oleracea) kommt aus Indien und dem Mittleren Osten, der Winterportulak (lat. Montia perfoliata oder Claytonia) aus dem Wilden Westen Amerikas. Beide zur Gattung der Portulacaceae gehörenden Pflanzen wurden bis vor kurzem in Europa so selten angebaut, dass man oft nicht einmal ihre Samen bekommen hat. In den letzten Jahren hat zumindest der Winterportulak Einzug in manchen (Super-)Markt gehalten. Beide Portulakarten verleihen Salaten, Gemüsen und Saucen mit ihrem frischen Aroma eine ganz besondere Note – und helfen, Salz zu sparen.

Den auch unter den Namen Kubaspinat oder Kleines Postelein bekannten Winterportulak nennt man in den USA «Indian Lettuce». Dieser «indianische Lattich» ist sehr widerstandsfähig und kann von November bis April geerntet werden. In kalifornischen Rebbergen und Obstplantagen wird er als Unkraut vernichtet. Ähnlich wie die Kresse ist das Winter-Postelein ein Lückenbüsser im Kräuter- und Gemüsegarten, der mit wenig Platz auskommt, sich aber von diesem nicht mehr so einfach vertreiben lässt.

Montia perfoliata oder Claytonia perfoliata ▶ lat. portula: Pförtchen; montia: nach Guiseppe Monti, ital. Botaniker (1682–1760); lat. perfoliata: durchwachsen. Claytonia: nach John Clayton, engl. Botaniker (1693 - 1773).

«Vitamin-Nugget»

Der «Indian Lettuce» besitzt einen hohen Vitamin C-Gehalt und wurde von den Indianern geschätzt. Sie sollen die Blätter angeblich neben einen Ameisenbau gelegt und den Portulak, wieder befreit von den Krabbeltierchen, mit Genuss verzehrt haben. Schon während des Goldrausches in Kalifornien war das Winter-Postelein ein wahres «Vitamin-Nugget», das den Abenteurern zwar nicht den erträumten Reichtum, aber ein wirksames Mittel gegen Skorbut brachte. Ob der Winterportulak tatsächlich als blinder Passagier zu uns gekommen ist? Die ersten Kultivierungsversuche dieser vitamin-, magnesium-, eisen- und kalziumreichen Pflanze sind in unseren Breitengraden jedenfalls noch keine zwanzig Jahre her.

Winterportulak in der Küche

Winterportulak kann wie Spinat, als Salat oder, klein geschnitten, zu Quark und Butterbrot verwendet werden. Geschmacklich präsentiert er sich frisch, salzig,-säuerlich, aber etwas neutraler als Kresse; Sommerportulak schmeckt intensiver und pikanter. Die Winterpflanze mit ihren wie Schüsselchen geformten Blättern eignet sich ausgezeichnet für eine salzarme, vitaminreiche Diätküche. Dekorativ wirken die sternförmigen, weissen Blüten, die wie die Stengel essbar sind. Im Salat harmoniert Portulak gut mit Nuss-, Sonnenblumen- und Distelöl sowie mit Obst- (Apfel-, Himbeer-, Brombeer-), Sherry- und Weissweinessig. Wer Winterportulak selber ziehen möchte, tut dies am besten in einem unbeheizten Gewächshaus. Nach der Aussaat im Spätsommer stehen die frischen Pflänzchen dann den ganzen Winter über zur Verfügung und treiben mehrmals neues Grün nach.

Portulakgemüse

500 g gewaschenen Portulak
2 EL Weissweinessig
1 Prise Kräutersalz
1 Prise weisser Pfeffer
1 Knoblauchzehe, gepresst
1-2 EL Petersilie, gehackt
Portulak nass in der Pfanne bei schwacher Hitze 3-4 Min. dünsten, abtropfen lassen und in die heisse Pfanne zurückgeben. Essig und Gewürze gut verrühren, mit Portulak mischen und servieren.

Portulakquark

100 g Rahmquark
2 EL Zitronensaft
1 Prise Trocomare Kräutersalz
2 Msp. Curry
frisch gemahlener Pfeffer
Alle Zutaten gut verrühren und mit *50-75 g fein gehacktem Portulak* vermischen.

Der A. Vogel Tip
Portulak ist eine «Medizin in der Salatschüssel». Er versorgt uns im Winter mit frischen Vitaminen und sollte am besten roh verwendet werden.

Knackiger Wintersalat

100 g Winterportulak
4 EL Luzernensprossen
2 EL Sonnenblumensprossen
1 Chicorée, in Streifen geschnitten
½ rote Paprika, fein gewürfelt
1 Apfel, fein gewürfelt

Für die Sauce:
4 EL Sonnenblumenöl
2 EL Zitronensaft
1 TL Kelpamare
1 EL Sesamsamen
1 Schalotte, fein geschnitten
1 Prise Kräutersalz
frisch gemahlener Pfeffer
Alle Salatzutaten in einer flachen Schüssel verteilen und gut durchmischen, die Saucenzutaten verrühren und über den Salat geben.

Fruchtiger Portulaksalat

10 gewaschene, geviertelte, frische Feigen
enthäutete Schnitze von
1 Orange
150 g Portulak
150 g Hüttenkäse

Für die Sauce:
1 EL Orangensaft
1 EL Nussöl (Haselnuss)
2 EL Sonnenblumenöl
1 EL Molkosan (oder Zitronensaft)
1 Prise Orangenpfeffer
Portulak, Feigen und Orangenschnitze um den Hüttenkäse herum auf Tellern anrichten, Salatsauce darübergeben.

Literaturhinweise

Bremness, Lesley
Das grosse Buch der Kräuter.
Ein praktischer Führer für den
Anbau, die Pflege und
Verwendung von Kräutern.
AT Verlag Aarau, Stuttgart
1992.

**Clevely, Andi,
Richmond, Katherine**
Dumont's grosses Kräuter-
buch. Garten, Küche,
Dekors. Mit über 120 köst-
lichen Rezepten. Dumont
Buchverlag, Köln 1995.

Fischer-Rizzi, Susanne
Medizin der Erde. Legenden,
Mythen, Heilanwendung
und Betrachtung unserer
Heilpflanzen. Heinrich
Hugendubel Verlag,
München 1984.

Dierssen, Ingrid
Die Düfte helfen heilen.
Handbuch der Aroma-
therapie. Hallwag Verlag,
Bern und Stuttgart 1997.

**Hess-Heer, Pia,
Krauchthaler, Rosmarie**
Schönheit durch Kräuter und
Essenzen. Selbstgemachte
Kosmetik für Haut und Haar.
AT Verlag Aarau 1994.

**Kraus, Ljubomir,
Carstens, Jutta**
Heilpflanzen. Kleine Tee-
kunde für den Hausge-
brauch, Alltagsbeschwerden
selbst behandeln. TRIAS -
Georg Thieme Verlag,
Stuttgart 1993.

Kreuter, Marie-Luise
Kräuter & Gewürz aus dem
eigenen Garten. Natur-
gemässer Anbau, Ernte,
Verwendung. 7. Auflage,
Neuausgabe, BLV Verlags-
gesellschaft, München, Wien,
Zürich 1995.

Lawless, Julia
Die illustrierte Enzyklopädie
der Aromaöle. Das um-
fassende Standardwerk der
heilenden Öle und Pflanzen.
Scherz Verlag, Bern,
München, Wien 1996.

**Lambert Ortiz, Elisabeth,
Ridgway, Judy**
Einfach köstlich. Ein
Bildratgber für die Vorratshal-
tung in Flaschen und Glä-
sern. BLV Verlagsgesellschaft,
München, Wien, Zürich 1995.

Madaus, Gerhard
Lehrbuch der biologischen
Heilmittel. Georg Olms
Verlag, Hildesheim,
New York 1979.

Norman, Jill
Das grosse Buch der
Gewürze. AT Verlag Aarau,
Stuttgart 1993.

Ody, Penelope
Naturmedizin Heilkräuter.
Der Ratgeber für die richtige
Anwendung von Heilkräu-
tern zu Hause. BLV Verlags-
gesellschaft mbH, München,
Wien, Zürich 1994.

Rechsteiner, Andrée
Kosmetik Rezeptbuch.
Crèmes und Seifen selber-
machen. Buchverlag Fischer
Druck AG, Münsingen-Bern
1995.

**Saller, Reinhard,
Reichling, Jürgen,
Hellenbrecht, Dieter**
Phytotherapie. Klinische,
pharmakologische und
pharmazeutische Grund-
lagen. Karl F. Haug Verlag,
Heidelberg 1995.

Strassmann, René A.
Baumheilkunde. Begegnun-
gen und Erfahrungen mit den
Heilkräften der Bäume.
AT Verlag, Aarau 1994

**Teubner, Christian,
Gräfin Schönfeldt, Sybil,
Rühlemann, Ulrich Gerhardt,
Rühlemann, Daniel**
Kräuter und Knoblauch.
Mit einer witzigen Kräuter-
Küchenpraxis von Eckart
Witzigmann. Teubner
Edition, Füssen 1993.

Vogel, A.
Der kleine Doktor.
Hilfreiche Ratschläge für die
Gesundheit. Verlag A. Vogel,
Teufen 1988.

Die Natur als biologischer
Wegweiser. Verlag A. Vogel,
Teufen 1983.

Die Leber reguliert die
Gesundheit. Das Buch, das
schon Tausenden einen
sinnvollen Weg zur erfolg-
reichen Krankheitsvorsorge
gewiesen hat. Verlag A. Vogel,
Teufen 1995.

Die Nahrung als Heilfaktor.
Leichtverständliche Ein-
führung in das Wesen zweck-
mässiger Ernährung und
natürlicher Lebensweise.
Verlag «Das neue Leben»,
Trogen 1935.

Vonarburg, Bruno
Natürlich gesund mit Heil-
pflanzen. AT Verlag Aarau,
Stuttgart 1988.

Weiss, R.F.
Lehrbuch der Phytotherapie.
Sechste, überarbeitete und
erweiterte Auflage. Hippokrates Verlag, Stuttgart 1985.

Wichtl, Max, Hrsg.
Teedrogen und Phytophar-
maka. Ein Handbuch für die
Praxis auf wissenschaftlicher
Grundlage.3., erweiterte und
vollständig überarbeitete
Auflage. Wissenschaftliche
Verlagsgesellschaft mbH,
Stuttgart 1997.

**Zeller, Georges,
Schneeberger, Hans,
Oppliger, Peter**
Grossmutters Hausmittel.
5. Auflage, AT Verlag, Aarau
1994.

(Eine Auswahl)

1 Tasse Wasser (bei den Teerezepten) entspricht ca. 150 ml Wasser.

Die Bezeichnungen für Schlagrahm weichen regional stark vonein-
ander ab. Die Begriffe Sahne, Schlagrahm, Rahm und süsser Rahm
sind austauschbar und meinen allesamt Halbrahm (im Gegensatz zu
Vollrahm und saurem Rahm).

In manchen Rezepten werden Zutaten von A. Vogel erwähnt, wie
z.B. Herbamare, Trocomare, Plantaforce. Nähere Erläuterungen dazu
finden Sie im Anhang. Selbstverständlich lassen sich auch Produkte
anderer Firmen verwenden.

Die angegebenen Kräuter bzw. Kräutermischungen für Teerezepte
sowie Zutaten für Tinkturen und andere Heilmittelzubereitungen
sind in der Regel auch im Fachhandel (Apotheke, Dorgerie und z.T.
Reformhaus) erhältlich.

Kleinere Flüssigkeitsmengen sind in Milliliter angegeben.
100 ml = 1 dl.

Gesunde Ernährung von A. Vogel *(Eine Auswahl)*

A. Vogel Naturreis

(Vollkornreis) enthält ernährungsphysiologisch wertvolle Nahrungsfasern, Mineralstoffe und B-Vitamine und stammt aus biologischem Anbau.

Biocarottin

die wertvolle Nahrungsergänzung für jung und alt. Das aus biologisch angebauten Karotten hergestellte Konzentrat enthält alle wertvollen Bestandteile der Karotte. Biocarottin unterstützt die Darmflora bei leichten Darmstörungen, ist hilfreich bei Leberbeschwerden und hat einen günstigen Einfluss auf Haut und Augen.

Das A.Vogel Müesli

liefert dem Körper mit dem Frühstück all jene Nährstoffe, die er für die Leistungen des Tages braucht. Es besteht aus Hafer-, Weizen, Gersten- und Roggenflocken, Rosinen, gerösteten Naturreisflocken, Apfelstücken, Mandeln und der Durianfrucht.

Bio-Sanddorsan

ist ein fruchtiger Brotaufstrich aus Sanddorn- sowie Hagebuttenmark. Die vielseitigen Verwendungsmöglichkeiten machen Bio-Sanddorsan besonders beliebt.

Wacholder-Latwerge

wird aus sonnengereiften Früchten schonend hergestellt. Sie zeichnet sich durch ein gehaltvolles Aroma aus. Auch in warmer Milch aufgelöst, ist Latwerge sehr beliebt.

Tropenhonig

– dieser kalt geschleuderte Bienenhonig stammt aus dem blütenreichen tropischen Urwald, ist sehr aromatisch und kristallisiert nach kurzer Zeit aus. Ein idealer Zuckerersatz für Desserts, Müesli oder Gebäck.

A.Vogel Habebutten-Konfitüren

sind in zwei Varianten erhältlich, nämlich Hagebutten-Konfitüre und Hagebutten-Fruchtzuckerkonfitüre. Die Fruchtzuckerkonfitüre ist eine wertvolle Alternative im Rahmen des Ernährungsplans für Diabetiker.

Aromaforce

wird hergestellt aus Meersalz, Hefe, Gemüse, Gewürzkräutern und weiteren Zutaten aus kontrolliert biologischem Anbau. Aromaforce kann anstelle von Salz als natürliches Würzmittel für viele Gerichte verwendet werden.

Kelpamare

ist eine rein vegetabile Flüssigwürze, die zur Zubereitung von Saucen, Salaten, Suppen usw. verwendet wird.

Molkosan

wird durch milchsaure Vergärung aus Molke gewonnen. Es ist frei von Eiweiss und Fett und eignet sich für eine Vielzahl von Verwendungen, z. B. als Essigersatz, Erfrischungsgetränk, bei Fasten- oder Entschlackungskuren und vieles mehr.

Trocomare

wird zum Würzen von Fleisch-, Fisch-, Gemüse-, Getreide- und Kartoffelgerichten sowie für Suppen, Saucen, Eier, Quark usw. verwendet. Es wird aus frischen Gemüsen und Gewürzkräutern aus kontrolliert biologischem Anbau und Meersalz hergestellt. Durch die Verwendung ernte- frischer Kräuter hat Trocomare einen besonders vollen, würzigen Geschmack.

Herbamare

wird aus frischen Gemüsen und Gewürzkräutern aus kontrolliert biologischem Anbau und Steinsalz hergestellt. Durch die Verwendung erntefrischer Kräuter hat Herbamare einen besonders vollen, würzigen Geschmack. Es eignet sich anstelle von Salz zum Würzen von Gerichten.

Wenn es darum geht, den Eigengeschmack von Speisen, Saucen, Suppen etc. zu heben, zu verfeinern oder auch abzurunden, nimmt die

A. Vogel Kräutermischung

einen Sonderplatz ein. Die darin enthaltenen Kräuter und Gewürze sind sorgfältig ausgewählt und stammen alle aus kontrolliert biologischem Anbau. Die natürliche Kräutermischung ist in den drei Sorten scharf, mild und pikant erhältlich.

Plantaforce

ist ein rein vegetabiles Suppenkonzentrat für die Zubereitung von köstlich schmeckender Gemüsebrühe sowie von Suppen und Saucen. Auch zum Garen von Reis oder Teigwaren ist Planteforce bestens geeignet.

Erhältlich im Fachhandel.

Register

Er gehörte zu den ganz Grossen der Naturheilkunde, vergleichbar nur etwa mit Sebastian Kneipp und Samuel Hahnemann.

Dr. M. M. Verheyen, Zentrum für Präventive Diagnostik, Naturmedizin und Homöopathie, Maastricht

Alfred Vogel

(1902 – 1996), der Verlagsgründer, war einer der grossen Schweizer Vorkämpfer der Naturheilkunde. Seine Forschungsergebnisse in der Phytotherapie und seine praktischen Erfahrungen als Naturarzt machte er durch Vorträge in aller Welt und zahlreiche Publikationen zugänglich. Seine Bücher und die 12mal jährlich erscheinenden «Gesundheits-Nachrichten», die er fast 50 Jahre lang selbst betreute, erreichten im In- und Ausland hohe Auflagen und verbreiten seine Ansichten über gesunde Lebensweise, Ernährung, Vorbeugung, natürliche Therapien und Ganzheitsmedizin.

Der kleine Doktor

Für Millionen von Menschen in aller Welt ist «DER KLEINE DOKTOR» des Schweizer Naturarztes und Ernährungstherapeuten Alfred Vogel der wichtigste Gesundheits-Ratgeber. Er vermittelt auf leicht verständliche und umfassende Weise, wie man sich selbst weiterhelfen kann.

Die Natur heilt – das gilt auch heute noch, nur muss man ihre Heilkräfte zu nutzen wissen. «Der kleine Doktor» ist die Summe der reichen Erfahrungen eines langen Lebens im Dienste der natürlichen Gesundheit und Heilpflanzenkunde. Alfred Vogels Ratschläge in diesem grossen Haus- und Familienbuch sind eine Fundgrube von unschätzbarem Wert.

Der kleine Doktor,
neu: 67. Auflage, mit aktualisiertem Registerblatt, 840 Seiten, 32 Seiten Farbbilder, Verlag A. Vogel AG, CH-9032 Teufen.

Die Leber reguliert die Gesundheit

DIE LEBER, das grösste menschliche Organ, nimmt ganz zentrale Körperfunktionen wahr. Viel Unheil, das sich später in schweren Krankheiten manifestiert, kann in einer überforderten Leber seinen Anfang nehmen. Der Leber sollte man deshalb erstrangige Aufmerksamkeit zukommen lassen. Wo immer möglich, sollte man diese grösste Drüse des Körpers in ihrer wertvollen Arbeit unterstützen, damit die Gesundheit erhalten bleibt.

Alfred Vogel beschreibt diese Zusammenhänge in seiner einfachen, direkten Sprache. Er zeigt Wege auf, wie man seine Leber schonen und pflegen kann, wie Verdauungsstörungen in den Griff zu bekommen sind, aber auch, wie Menschen mit einer bereits geschädigten Leber ihre Beschwerden lindern und zu neuer Lebensqualität finden können.

Die Leber reguliert die Gesundheit,
20. Auflage, 1995, 400 Seiten, 20 Illustrationen, Verlag A.Vogel AG, CH-9032 Teufen.

Der A.Vogel Ratgeber

Ein naturheilkundlicher Ratgeber und ein Nachschlagewerk (mit Register) für gesunde und kranke Tage. Das Buch enthält Tips, Anleitungen und Rezepte für eine gesunde, vollwertige Ernährung und informiert z.B. darüber, welche A. Vogel Reform- und Diätprodukte für Diabetiker geeignet und welche eiweiss- und glutenfrei sind. Von Haarausfall bis Schwitzen, von Zahnpflege bis Problemhaut, von Massageölen bis Nährcrèmes erhalten Sie Antworten und Behandlungshinweise für die grossen und kleinen Probleme des Alltags. Im Mittelpunkt stehen über einhundert Heilmittel von A. Vogel. Ein Ratgeber und Gesundheitsführer, der helfen möchte, die Eigenverantwortung für die Gesundheit zu stärken.

Der A. Vogel Ratgeber,
1996 (5. Auflage), 181 Seiten,
Verlag A.Vogel AG,
CH-9032 Teufen.

A.Vogel's
Gesundheits-Ratgeber

Kleines Nachschlagewerk
für Naturheilmittel
mit Informationen, Tips und
Ratschlägen für
gesunde und kranke Tage

Die A.Vogel Winterfibel

Damit Sie auch die kalte Jahreszeit gesund und frohen Mutes geniessen können, lohnt es sich, einen Blick in die A.VOGEL WINTERFIBEL zu werfen. Neben den bewährten Ratschlagen und Heilmitteln aus der Natur erfahren Sie in diesem Buch unter anderem, warum Fieber heilsam und gesund ist, wie man sein eigener Wickelspezialist wird, wie man eine schwache Blase trainiert oder wie man mit dem Stift in der Hand seelischem Kummer und Einsamkeit zu Leibe rückt.

Und natürlich weist die Fibel den Weg zur gesunden Ernährung und zur Stärkung des Immunsystems, welches gerade im Winter auf eine harte Probe gestellt wird. Kurz, das Buch verhilft zu einem ganzheitlichen Wohlbefinden, weit über die 5-tägige Winterkur hinaus.

Die A. Vogel Winterfibel,
1993, 96 Seiten,
Verlag A.Vogel AG,
CH-9053 Teufen.

Die A. Vogel Winterfibel
Ratschläge und Heilmittel
aus der Natur,
damit Sie auch die kalte Jahreszeit
genießen können.

A. Vogel's neue Schriftenreihe

A. Vogel – für die Frau

A. Vogel – für die Frau

Auf den sanften Wegen der Natur
zu ganzheitlichem Wohlbefinden
und neuer Lebensqualität

A. Vogel's neue Schriftenreihe

Ganz natürlich Frausein kann in unserer modernen Zeit ungeheuer schwer sein – oder auch ganz leicht. SIE hat die Wahl. Jede Frau muss heute mehr oder weniger ihren Mann stehen, läuft aber dabei Gefahr, ihre naturgegebenen Rhythmus zu wenig wahrzunehmen oder zu unterdrücken. Wenn sie dagegen aus dem reichen Fundus der Natur und sanfter (Heil-) Methoden zu schöpfen weiss, kann sie mit mehr Energie und innerer Balance zu Werke schreiten.

Das Buch A.VOGEL – FÜR DIE FRAU gibt zahlreiche Anregungen und Tips, wie ganzheitliches Wohlbefinden, seelisches und körperliches Gleichgewicht, Kreativität und Lebenskraft auf den sanften Wegen der Natur (zurück-)erobert werden können. In einer Fülle von Ratschlägen, teils als A. Vogel's Rat, teils von Frau zu Frau, zeigt das Buch, welche vorbeugenden Massnahmen und welche heilenden Eigenschaften

A. Vogel – für die Frau,
1995, 96 Seiten,
Verlag A. Vogel AG,
CH-9053 Teufen.

A. Vogel – für den Mann

A. Vogel – für den Mann

Mit Hilfe der Natur
und mit mehr Herz und Verstand
zu neuer Lebensqualität

A. Vogel's neue Schriftenreihe

Wie der Mann heute mit Hilfe der Natur und mit mehr Herz und Verstand zu neuer Lebensqualität findet, das hat das A. VOGEL MÄNNERBUCH zu seinem Ziel erklärt. Der Mann erfährt, wie wichtig es für seine Gesundheit ist, Gefühle und Ängst nicht zu unterdrücken. Freilich ist die Welt der Männer eher geprägt von Konkurrenzkamp, Machtstreben und der Manifestation von Stärke, wobei andere Tugenden oft zu kurz kommen: die selbstkritischen, kreativen und feinfühligen Seiten sowie die Sorge um die eigene Gesundheit. Das Buch will dem Mann ein Gegengewicht zur Welt des Leistungsdrucks an die Hand geben und ihm mit vielen praktischen Ratschlägen, vor allem aus dem Pflanzenreich, zu einem natürlich-gesunden Gleichgewicht verhelfen.

A. Vogel – für den Mann,
1994, 96 Seiten,
Verlag A. Vogel AG,
CH-9053 Teufen.

Für Ihre Notizen

Natürliche Gesundheit im Abonnement

Monat für Monat aktuell informiert

Ein bunter Themenstrauss rund um die Naturheilkunde und die biologische Medizin, der Ihnen und Ihrer Familie hilft, sich vernünftig zu ernäh-ren, gesund zu bleiben, Krankheiten vorzubeugen, natürliche Heilmittel und Wege zu mehr Wohlbefinden und Ausgeglichenheit kennenzulernen. Eine abwechslungsreiche Lektüre für Jung und Alt, die Spass macht.

Ein Abonnement der «Gesundheits-Nachrichten» bedeutet für Sie: Monat für Monat umfassend und aktuell informiert zu sein über ganzheitliche Medizin, Naturheilkunde, neue und altbewährte Therapien, Vorbeugung und Möglichkeiten der Selbstbehandlung, Krankheitsbilder von A wie Allergie bis Z wie Zyklusstörungen, die Heilkräfte einheimischer und exotischer Pflanzen, gesunde Küche, natürliche Schönheit, Psyche, Umwelt, Erfahrungsmedizin anderer Kulturen und Länder, Erfahrungsberichte von Lesern für Leser. Seit über 50 Jahren die Zeitschrift für Gesundheit aus der Natur.

PMS – die Tage vor den Tagen:
die Ursachen und die probaten Mittel

Elektrosmog: Wieviel Strom vertragen wir?

Falsche Schuhe machen Füsse krank

A. Vogel's Gesundheits-Nachrichten, Zeitschrift für Naturheilkunde, 12 Hefte pro Jahr, 44 Seiten. sFr. 28.–/DM 32,–. Verlag A.Vogel AG, CH-9053 Teufen.

Auch als Geschenk-Abo

So urteilen* Leserinnen und Leser über die «Gesundheits-Nachrichten»:

Seriös, glaubwürdig, unabhängig, interessant, zeitgemäss, hilfreich, sehr gut gestaltet, schöne Bilder, preisgünstig.

Vermitteln Wissenswertes mit Bestand, nützliches Nachschlagewerk.

Die überwiegende Mehrheit liest die «GN» seit mehr als fünf Jahren «immer oder fast immer von vorne bis hinten».

*Umfrage der Universität St. Gallen